D0563313

羊皮卷

The Scrolls Marked

[美]奥里森·马登 等 著
白雯婷 编译

民主与建设出版社
·北 京·

前言

PREFACE

在阿拉伯沙漠地区流传着一个古老的故事：两千多年前，有一个叫海菲的孤儿，依靠为主人喂养骆驼过活。后来他爱上了一位富商的女儿，爱情促使他想改变自己的境况，立志要当一个全世界最伟大的商人。他的真诚和激情感动了主人——富甲一方的皮货商柏萨罗，为了考验海菲，柏萨罗交给海菲一件昂贵的袍子，让他到偏远的小镇上去推销。但海菲失败了：出于怜悯，他把袍子送给了山洞里一个快要冻死的婴儿。当海菲两手空空、满心羞愧地返回时，一颗明星一直跟随着他，在他头顶上闪烁。柏萨罗意识到这是上帝的启示，原来海菲就是他一直寻找的传人。于是柏萨罗交给海菲10张神秘的羊皮卷，并告诉他："每一张羊皮卷都记载着一种原则、一种规律或者说一种真理……如果懂得这里面的原则，那就可以获得宝贵的财富。"在羊皮卷的鼓舞下，海菲正式开始了独立谋生的推销生涯。在漫长的奋斗过程中，海菲身体力行羊皮卷中的原则。若干年后，他实现了自己的梦想，成为当时世界上首屈一指的富豪，并娶回了相恋已久的姑娘。

美国杰出企业家、作家、演说家奥格·曼狄诺与海菲也有类似的经历，他也是在"羊皮卷"的激励下获取成功的。

奥格·曼狄诺一生历尽坎坷。1924年，他出生于美国东部一个平民家庭，年轻时他像一匹脱缰的野马一样放荡不羁，最后他失去了一切。突如其来的变故引起了曼狄诺深切的忏悔和反思，他决心寻找支配人生命运的种种法则，并以此获取人生本应享有的成功、财富和幸福。

一次，奥格·曼狄诺到教堂向神父忏悔自己的经历，并表达了自己的决心。神父深受感动，临别时，神父递给曼狄诺一部《圣经》和一张纸条，并说道："孩子，你要寻找的答案都在里面。"回来后，曼狄诺激动地打开纸条，上面罗列着一些书名：《投资自我》(奥里森·马登)、《思考致富》(拿破仑·希尔)、《钻石宝地》(拉塞尔·赫尔曼·康威尔)、《最伟大的力量》(马丁·科尔)、《从失败到成功的销售经验》(弗兰克·贝特格)。

曼狄诺如获至宝，他没钱购买，便从图书馆把这些书一一借来，每天反复阅读。渐渐地，他心中的迷雾消散了，信心、勇气和力量在他的血液里复苏。在以后的时间里，曼狄诺从最简单、最底层的工作做起，一步步往上攀登。他创办了自己的企业——《成功无止境》杂志社，实现了多年的梦想。1944年，44岁的曼狄诺已功成名就，但他仍然珍藏着当年神父赠给他的那张纸条，正是这张纸条改变了他的命运。为了让更多的人掌握成功的秘诀，他决定将纸条上列出的书辑录成一册，命名为《羊皮卷》公开出版。

如今，《羊皮卷》已被译成几十种文字，在全世界广泛发行，产生了深远的影响，人们不分国界、不分地域、不分民族、不分性别、不分年龄、不分贫富，都在读这部书，从中汲取着信心和力量的养分。

目 录

CONTENTS

第四卷——最伟大的力量

第五卷——从失败到成功的销售经验

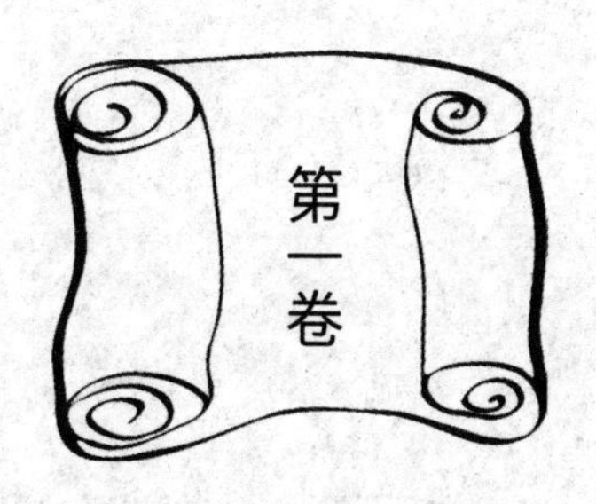

投资自我

[美] 奥里森·马登 著

第一章 —— 美是最好的教育

数百年前，曾有人问过柏拉图（Plato，古希腊哲学家）这样的问题："最好的教育是什么样的?"哲学家的回答是："最好的教育，是将一切美好的事物及其所能呈现的完美形式都展现在受教者眼前，使其在肉体和灵魂上都能获得美的享受。"

人的一生并不都是圆满、甜蜜、健康而繁荣的。而拥有一颗热爱一切美好事物的心灵，能让我们勇敢地走过荆棘越过难关，走向我们期待的美好生活，从而拥有完满而精彩的人生。

人是杂食性动物，只有从各式各样的食物中广泛摄取营养，才能健康成长。不论哪种元素在食谱中被省略，人的生命中都会表现出相应的损失、遗漏和缺陷。这种道理不仅仅适用于体格的成长，对于心智的成长也是一样的。忽略精神食粮和物质食粮中的任何一种，都不可能成长为一个完整意义上的人。我们也不能只注重灵魂的滋养，却让我们的肉体挨饿；同样，我们不能只知补养身体，却让灵魂忍受饥饿的折磨。如果对其中任何一方面有所偏废，我们都难以成为一个身强体壮而又心智健全的完整的人。

当孩子们得不到足够且适宜的食物时，当他们的头脑、神经和肌肉得不到足够的营养时，他们的成长发育必将失去平衡，甚至出现某种缺陷。

比如说，如果孩子不能从食物中获取足够的磷酸钙，那么他的骨骼将无法发育强壮而坚固。他们将可能由于骨架脆弱，骨质松软，很容易患上佝偻病；如果缺乏磷酸盐——这种构造脑部组织和神经系统的营养物，他的整个机体就会患病，而大脑和神经也会出现发育不完全和缺乏能量的症状；如果他的饮食中缺乏氮元素或生肌物质，其肌肉组织便会松垮。

发育中的孩子需要广泛摄取各种营养才能使自己更加强壮和健美。同样的道理，人类在进步发展的历程中，也需要各种精神上的食粮来滋养自己的心灵，使其变得坚强、积极和健康。

当一个人懂得发现和欣赏身边的美好事物，那么他将随时随地被这个世界打动。相反，当他面对一幅伟大的艺术作品而无动于衷，当他表情木然地目睹夕阳下的美景时，可想而知，他的人性必定是不健全的。

这个世界并不缺乏美，只是野蛮人不懂得欣赏美。即使他们对饰物爱不释手，也无法证明他们的审美才华有所提升。他们只不过是顺应自己的动物性本能和激情罢了。

上帝造物之初，用音乐填充其每一角落，用美景铺满整个世界，让陆地、海洋和天空都充满魅力。他这样做并非一无所求——人类便是这个世界之所以婀娜多姿的最好诠释。但是随着文明的进步，人们的欲望在膨胀，各种需求在积聚，人类自身的才能不断增强，直到文明发展出最高的表现形式，我们才发现自身对于那些美好而高度发展的事物是有着多么强烈的渴望和热爱。

如果想成为一个眼界更为广阔的人，就不能满足于自己那片小林地里的辛勤耕种，而应该走出去，去开拓林外更辽阔的大地。对于任何形式的商业利润或物质利益的追逐，只能给人性的发展提供非常狭小的空间，而且通常会是人性中自私和粗俗的一面。

投资美好

对美的热爱，是一种不可替代的力量，会让你升华人性，并让生活更加丰富。对一个孩子而言，在一种缺乏对美的追求、金钱至上的环境下成长将是其最大的不幸。他们受到的训练在灌输一种错误的理念：生之为人，其意义不在于获取高贵的情操、大丈夫的气概和幸福美满的生活，而在于攫取更多的金钱、权势和土地。

那些心智尚未成熟的孩子们，在精神世界尚未定型、尚能被任何善良或邪恶力量所塑造之际便受到如此谬误的教育，试想他们那幼小的心灵怎能不横遭扭曲和折磨？他们的人生怎能不偏离正确的轨道？从此以后，他们便将人生目标锁定在低俗的物欲追求之上——这样的做法是多么的可怕！

我们理应给孩子们创造一个美好的环境，让他们更加健康和全面地成长。我们必须抓住一切机会，唤起他们对美好事物的注意。唯其如此，他们的整个人生才称得上丰富多彩，他们才能拥有“美”这笔无价之宝。

人生中所能进行的最好的投资，莫过于培养对美的鉴赏力。这种能力会给你的人生旅途增添彩虹般绚烂的色调和持久的欢乐。它不但能极大地增加人们的幸福感，还能提高人们的工作效率。如能在孩子年幼时就帮助其塑造良好的品格、培养更高尚的情操、更敏锐的审美力和更纯粹的性情，看着他慢慢学会用各种表达方式抒发心中对美的热爱，将是多么令人欣慰的事情!

关于培养孩子的审美能力，从而让孩子的成长得到升华并受益匪浅，有个著名的事例可以证明。芝加哥的一位小学老师在学校里给自己的学生准备了一个“美之隅”。她给长沙发椅铺上具有东方格调的毛毯，用彩色的玻璃装饰教室内所有的窗户，在墙上悬挂各种精美的照片和油画，其中甚至还有一幅《西斯廷圣母》(Sistine Madonna)。用这些颇具美感的装饰，她建成了这一“美之隅”。在这个属于他们自己的、静谧而美好的小洞天之中，孩子们陶醉于美之中，感受着美带来的独特魅力。在这里，他们每天都能亲切地感受到美好事物的熏陶，他们的言行举止，不知不觉间，也变得文雅、高尚，更加细致而体贴。其中有一个淘气的意大利籍小男孩，曾一度被视为不可救药，但在“美之隅”中待了些时日，居然迅速转变为一个温文尔雅的乖孩子。这连老师都为之惊讶。有一天老师问他为什么最近这么乖。小男孩指指墙上的圣母画像，说道:“怎么能让那么美好善良的人看见我在做坏事!”

由此可见，个性的形成，主要依靠日常生活的耳濡目染。想要拥有美好的个性，便需要不断从美的事物中汲取精华。大自然数以千计的各种鸟啼、虫鸣和溪流声，风儿穿过树林的飒飒声，鲜花的芬芳与山间草木的气息，这一切都潜藏着美的元素。对于一个真正意义上的人的发展，这些甚至比书本知识、学堂教育更加重要。如果你不曾通过视觉或听觉感受到生命的美好，并激发自己的审美力，那么，恐怕你的天性会变得冷酷、呆板和无趣。

审美是人类借以与造物主对话的纽带。在面对这个庄严、宏伟和完美的大千世界时，只有陷入沉思，我们的灵魂才有机会接近那种神圣的美。也只有在那样的时刻，我们才能感知到内心深处无穷的创造力。在人生漫长的华彩乐章中，其他任何事物都不能像审美力这样发挥巨大作用。

所以，我亲爱的朋友，给自己的每一天增添些许美好吧——你的人生必将与众不同。你会发现，“美”本身是多么的不可思议，它能开拓你的眼界，指引你到达任何名利都无法载你到达的地方。所以，不要一味只顾着填饱肚子，而让你的灵魂挨饿。

给灵魂一些美好的感动，让人生充满美好吧。这将会给你带来丰厚的回报。不管你的身体多么强健，不管它能否胜任日复一日辛劳的工作，你的心灵总有需要吐故纳新的时候。一年年，如果你每天的经历都一成不变，每天的精神食粮总是千篇一律，那么终有一天，你的人生将了无趣味。

那么，怎样让我们的灵魂时刻保持年轻活跃的状态呢？审美能力可以帮助我们。审美能力的不断成长，将促使我们不断完善自己的人生、提高生活质量，并保证我们能获得成功、感受幸福。

罗斯金（Roskin，19 世纪英国艺术评论家）便是一个在追逐美的过程中享受人生的例子。对美的孜孜以求，使他在保持进取之心的同时，还额外拥有了宽宏大量的开阔胸襟。对于美的热爱，使他的一生都充满了令人惊叹的魅力与温情。美总是让他激动不已，让他的生活热情澎湃，与此同时，他的心灵也得到了净化，灵魂获得了升华。他的每一篇作品都具有无尽的热诚、真挚的激情与非同一般的意义，而这一切都源自他对自然和艺术之美的不倦追求以及对人类和自然的完美诠释。

有人说：“不论在工作中还是在休闲时，当我们更多地发现生活、自然、我们自身以及我们的孩子身上的真善美时，我们将更真实地感受到上帝的仁慈。”美的本质具有神性。只要你发现人生的美好，上帝便会与你同在。

在《圣经·新约》中有无数证据可以表明，耶稣基督热爱世间的各种美好，特别是自然界的美。他曾经说：“想一想那些田野中的百合花吧！它们既不能缚物，也不能编织；然而，即便是所罗门（Solomon，以色列国王）身上所拥有的万般荣耀，恐怕也不及一朵百合灿烂和瑰丽。”

在壮丽河山背后，在百合与玫瑰背后，在一切令我们心醉的美景背后，自有一颗动人的爱美之心和千古不变的唯美原理。原野上每一朵盛开的花儿，天空中每一点闪耀的星光，都召唤着我们去探索美的本源，指引我们去寻觅那位创设世间万千美好的造物主。

美不仅能够促使我们不断完善自己，并感受真与善，对美的追求，还将对人们生活的稳定和谐起到重要作用。我们常常忽略身边美好的人与事对我们自身的影响。也许他们在我们的生活中出现得太频繁，以至于不能引起我们的重视。但是，每一次气势壮美的落日余晖，每一张美丽清秀的脸庞，每一幅绚丽多姿的经典画作，每一片妩媚动人的芳草地——不论身在何处，不论邂逅何种形式的美，都将陶冶和升华我们的情操和品性。

所以，保持心灵对美的敏感非常重要。因为美能使你精神振作、生机勃勃，美能赐予你无尽的活力、有益你的健康，美能让你感受上帝的仁慈和伟大，美能让你和亲朋好友更加融洽地相处，并让世界变得和谐而稳定。

可是，我们的生活方式却趋于扼杀人们细腻的情感，一切具有魅力的高雅之美都受到阻挠。这种生活方式过度强调物质的价值，却忽视了在其他一些国家正在繁荣发展的美学——那里的人民大多深信：金钱并非万能。

如果我们仍然执迷不悟，任由我们的社交才能、美感和身上一切高尚的事物陷入沉睡甚至衰亡，而将全部才华、精力都视为能收获金钱的种子，播撒到人生这片田野上，那么我们就不要指望能拥有精彩而和谐的人生。果真如此的话，我们其他一切才华和天赋恐怕都将衰退，我们只会培养那些能为自己带来利益的技能。我们在现实生活中总是急功近利，我们总是忽视身边的美好事物，这难道不令人感到可悲和可鄙吗？一旦人性中善良高雅的一面得不到发展，那么，低俗而粗鄙的另一面必将潜滋暗长，不断蔓延。人类终将因为忽视生活中的一切高尚美好，而付出惨重的代价。对此，我们怎能不屑一顾，漠然置之？

“当脑海中持有某种憧憬，当心中拥有某种理想，你便会依着这憧憬与理想去创造自己的生活，依着它们去改变自我。”要知道，使人类得以和动物相区别的，是人类内心的崇高理想，而不是那些身外之物。

所以，人类要继续发展，就必须投资美好。与智力的开发一样，美感和性情的培养有着同等重要的意义。不论在家中还是在学校，我们的孩子都将接受这样一种教育，美是造物主所赐予我们的最珍贵的一份礼物。我们应该让其永远保有纯洁和令人愉悦的本质。

让人生充满美好，这是最明智的投资，它可以陶冶你的情操，让你的灵魂从拜金主义的枷锁中解脱出来，培养你对真善美的敏锐感觉。它可以唤起我们心中最高尚、最真挚、最温馨的情感，让我们无论身处何处，无论遭遇何事，都可以品味到生活的甘美。恐怕在整个一生中，再没有其他哪笔投资能获得更丰厚的回报了。

世间万物无时无刻不在启迪和告诫我们：生命中的美好不在别处，恰恰在我们心中。绿树、芳草、夕阳、山峦……一切事物都蕴涵着美，等待着我们去感悟它们的魅力，探索它们的秘密。如果你有一双训练有素的眼睛，那么，在每一枚绿叶或是鲜花上，在每一片草场上或麦田间，你都会领略到那种能令天使也动容的美。对于经过熏陶的耳朵而言，森林和田野的泛音、潺潺溪流的旋律，这一切都是无法用言语形容的美妙的自然之声。它们不仅让耳朵觉得舒服，更让心感到快乐。

由此可见，要让自己的人生变得更美好，我们就要坚定而敏锐地抓住一切机会，去发现美、体会美，而不是为了金钱去扼杀自身最高尚、最宝贵的东西。只要执着地追求美好，你就能感受它的优雅，领略它的魔力。而你的神情举止，也因为一切关于美的想法和理念，而流露出不一样的韵味。也许你从事贸易行业，也许你的职业是室内装潢，但不管你的职业是什么，如果你有一颗爱美之心，你将成为一个真正的艺术大师，而不再是一个只能靠手艺吃饭的工匠；你的品位将获得净化和提升，生活从此变得多姿多彩。

与现状相比，美将会在未来的人类文明之中发挥更为重要的作用。这是毫无疑问的。当今社会正变得日益商业化。如今诱惑我们的是，在这片遍地机遇的热土上各种各样巨额的物质利益；而让我们苦恼的是，我们竟然轻易将那些更加高尚的人生追求抛诸脑后。我们之中有很多人已经循着本性中那贪婪、兽性的一面，正在和我们纯真的灵魂离得越来越远。他们终其一生，也不过活在一种较低层次的生命状态之中。他们终究无缘窥见更美好、更有价值的生活，也不能让自己的生命和灵魂更上一层楼。这是多么可悲的事情。因为纵使物质再丰厚，这样的灵魂依然贫瘠。

而世界上唯一能够消除灵魂饥渴的，是美。只有美可以将甘露和阳光赐予每颗心。我听过一个曾浪迹天涯的老人讲述了一个这样的故事：他在一次搭乘火车前往西部的旅途中与一个老妇相邻而坐。他注意到妇人时不时将满满一瓶类似粗盐般的粉末往车窗外倾倒一空，之后再从自己的手提包里舀出一些粉末将瓶子盛满。老人对此感到好奇，便对妇人说出心中的疑问。原来，妇人是一位花卉爱好者，多年来始终笃信一句箴言："请沿途散播鲜花，因为你或许永远也不会再次踏上同一条旅程。"所以，老妇人习惯在乘火车旅行的路上撒播花种。后来，她的花种发芽开花，铁轨沿途的风景也因此变得更加美丽。正是因为她将心中对美的热爱化作现实中的努力，在沿途所经的任何地方都不忘撒下花种，才让许多道路得以美化，沿途的风景也焕然一新。

如果人人都像这个老妇人一样，沿着自己的人生旅途一路撒下美的花种，对一切美好的事物能够执着地追求，那么这个世界将变成多么美好的天堂！所以，美这种神奇的力量，不仅仅能让自己一路上收集点点滴滴的感动，同时，也能够把这种感动播撒到世界每个角落，让这世界日渐美好。

因此，无论你多么忙碌，无论你的审美神经多么笨拙，请不要放弃每一个可以感受美的时机。在你感到生活过于单调无聊的时候，不如去乡间度假。那会是多么绝妙的一次找寻美好、培养审美力的机会！当你敞开心扉，去感受乡间的风景，这样的一次休假就好比去参观造物主那绚丽多姿的画廊一样。那些树与花儿，那些山峦与幽谷，那些麦田和原野，还有那些溪流……你将从那些风景中获得一笔无价的财富，发现一种令天使都神魂颠倒的美好。而这些美景，永远只对那些懂得欣赏它们的人，那些能捕获它们的信息并深深为之吸引的人们开放。

不要吝啬自己的时间，不要让工作填满你的日程表。如果你未曾感受过大自然之美的神奇力量，你便错过了生命中最高雅的欢乐。我曾有幸去约塞米蒂山谷（Yosemite Valley，美国加州中部国家公园）游历。乘坐公共马车行走在数百英里崎岖的山路上，我几乎没有片刻时间能够安稳地坐好，道路的颠簸令人精疲力竭。然而，当著名的约塞米蒂大瀑布及其周围的秀美景色映入眼帘，当我在日出前赶到山顶俯瞰无限风光，当那轮红日从云霞中喷薄而出，身心的困顿与疲惫也随之一扫而空，我不禁惊叹于眼前的这幅风景画卷竟有着如此惊世骇俗之美。面对着这样的一种过去前所未有，终生难忘的崇高、宏伟和壮美景象，我不禁热泪盈眶，感觉整个心灵都在颤抖，精神境界也随之升华。

在这样的时刻，试问有谁会怀疑造物主依自己的形象创造的人类不及大自然美好？又有谁不会对大自然的鬼斧神工深深思索？

美丽只能源自自我

性格的美、举止的魅力、言辞的高雅、不凡的风度，是每个人都渴望的。然而，这一切并不是与生俱来的，我们中多数人的仪表和言行何其丑陋、何其粗俗！但是，这一切不能怪罪于上帝，也不能怪罪于父母或其他什么人，唯一能对我们自身的仪表负责的，是我们自己。没有人可以对自己的仪表漠不关心。

但是，如果我们想让自己的外在更有魅力，首先应学会修身养性，努力使自己变得更有内涵。因为我们内心的每个意向，每个欲念，都将通过面部表情的细微变化显露无遗，无论是美是丑。即使你拥有最美丽的外表，但当你心中产生任何不和谐或任何可能伤害到他人的想法时，你的表情也将扭曲，变得面目狰狞，令人憎恶。

正如莎士比亚所言："上帝赐予你一张面容，而你为自己造就另一张。"内心的情绪可以随意创造善恶与美丑。温文尔雅的性格对于心灵能否感悟更高形式的美十分重要。现实中，众多平庸的面貌，正是因为这样的性格变得可爱而亲切。与之相对应的，乖戾的性情、恶劣的脾气和嫉妒之心则足以毁灭任何天使般的面容。偏见、自私、嫉妒、浮躁和优柔寡断——这些不当的思维习惯，在你的面容上造就的条条皱纹，它们不能用化妆品、按摩、药物去消除，只能靠源自内心的美的力量。

美丽源自内心。高尚而亲切的思想，不仅能够让你在谈吐上显得风度翩翩，也能让你的身体显得更加精致而健美。拥有美好的心灵，你将散发出一股非凡的魅力和优越的气质，而这些要远比一切外在美更令人着迷。

我们见过很多这样的女性，虽然相貌平平，但是，凭借人格上的魅力，她们却给世人留下了不可磨灭的印象和美感。她们借助形体和言语，向世人展现灵魂的高尚，并将其转化为一种风尚。优雅和崇高的灵魂，可以使最平淡的面容也变得妩媚动人起来，这是多么神奇的魔力。

曾经有人在谈起芬尼·肯布尔（Fanny Kemble，肯布尔家族成员，英国演员、剧作家、诗人，以扮演莎翁戏剧角色朱丽叶闻名）时这样评价她："虽然她身材矮胖，面容发红，但她身上散发出的那种无与伦比的高贵气质，使我无法忘怀。我生平从没见过拥有如此威严气质的女性。当你站到她的面前时，无论你拥有多么美丽的外表，都注定黯然失色。"

诚如安托万·贝利尔所说："世上没有丑陋的女人，只有不知如何使自己看上去更可爱的女人。"最高形式的美存在于每个人的心灵，那是超越一切相貌和形体美之上的美。任何一位女性，都完全可以通过秉持美的理念，通过培养慷慨、乐观和无私的精神，使自己变得更美丽。这种理念告诫世人不要一味肤浅地追求美丽的外表，而要努力实现心灵之美。

慷慨大方、乐善好施和仁慈宽厚，使所有真正意义上的人性之美都有一个共同的本源。这一本源将使人神采奕奕，青春永驻。人性对美的渴望和追求注定要燃起生命的辉煌。外在美不过是一种身体对于心中的惯常想法和主要动机的外化，是心灵美的一种表现。所以如果一个人心灵美，那么一切表情、举止也会变得优雅美好，那么无论身在何处，都将给他人留下温文儒雅、谦谦君子的好印象。这样的气质和风度可以掩饰任何相貌上的缺陷甚至残疾。

很多相貌平平的女孩终日郁郁寡欢，若有所失，抱怨自己不像天生丽质的美女那样受欢迎。事实上，她们的相貌并没有自己所想的那么难看，她们过于夸张了自己的缺陷。别人也许根本不曾留意到她们的一些小缺点，她们的担忧只源于她们过于敏感。实际上，倘若这些女孩子能克服多愁善感的毛病，学会从容处世，那么她们完全能通过后天的努力，变得更善解人意、开朗活泼和慷慨大方。这样一来，她们在相貌和体形上的缺陷便能够因为性格和智慧上的光辉而得以弥补和掩饰。

当然，我们不能否认喜爱漂亮的脸蛋和柔美的身段，但那些因为心灵的美好而变得润泽光亮、富有生气的面容，我们更加欣赏。这样的面容能唤起人们心中那些接近完美的理想，那是造物主树为典范的理想模式，我们怎能不对此情有独钟呢?

我们最亲密的朋友中，拥有出众相貌的也许并不在多数，但是他们身上的美好品质能够激起我们对他们的热爱和钦佩，唤醒了我们心中对友谊的渴望。最高形式的美是一种能为我们心灵带来光明的美好理想，它不具有任何物质的形式，只不过以一些特定的事物为象征表现出来。

对于最高形式的美的追求，将使你的人生不至虚度，无悔无憾。而每个人也渴望自己能拥有最高形式的美。然而，人们往往将这种对美的挚爱之情，局限在外表形式之上，而忽略了更深层次的意义。不错，形式、色彩、光线和声音这些都令我们的世界更加美丽，但是那些扭曲的心灵无法看到这些美。只有拥有高尚灵魂和精神的人才能领会它们，也只有这样的心灵才能激励我们不断地超越自我，乐观向上地生活。

但是，心灵的美总是难以定义，有时候也更难坚持。所以，渴望完美的我们，试图将抽象的心灵美具化和物化，借助那些最能具体表达或最符合人类审美标准的人或事，来展现我们的美好。但是，这些对外表和物质上的美的顶礼膜拜，热情追捧，并不能让我们真正感受到美的真谛和力量。

心灵上的完美，才具有最宏伟的力量，才能在最单调的环境中创造诗情画意；人性上的完美，才拥有最宽厚的慈悲，能将缕缕阳光传送至世间每个阴暗的角落。

如果没有这些美的缔造者，没有这些心灵的激励者，没有这些在任何场合之下都能勇于表达美好的魅力人士，我们的生活又将何其寂寥和平淡？

如果没有那些感悟着生命之神圣的伟大灵魂，没有他们的坚持表达和对生命中各种和谐美好的诗篇和乐章的看重，整个人类又将何去何从？

对美好事物的感知力能为你带来更多的愉悦和幸福，这是任何成就、性格和品德都无法做到的。人世间的种种丑恶侵蚀着一些孩子的天性，使他们变得粗鄙而残忍。而唯有对真善美的热诚，方能从丑恶中拯救这些可怜的孩子，让他们抵挡住无数的诱惑。年轻时受到的美育和艺术的熏陶，曾使多少人在道德败坏的边缘迷途知返，在罪恶的深渊前悬崖勒马！

从小就开始投资美

对于培养孩子对美的热爱和敏感，家长们总是缺乏足够的耐心，其实这是很不负责任的。他们没有意识到：从相片到墙纸，家中的一切事物，都会在孩子幼小而敏感的心灵上打下烙印，都会对孩子的成长产生影响。家长们不应该错过任何让孩子欣赏艺术作品的机会，应该经常为孩子诵读名家的诗歌或散文。这些都将给孩子的心中灌输美好的思想。在世界上一切伟大而神圣的思想和感情的熏陶下，孩子们也将被感动，塑造他们的性格，为他们毕生的幸福和成功打下基础。

不论是那些在贫民窟长大的小孩，还是那些有钱人家的子弟，他们心中对于美的强烈渴望都一样。“穷人对于食物的饥饿感，”雅各布·埃·里斯（JacobA Riss，美国新闻记者，社会改革家）这样说道，“远不如他们对美的饥渴感和需求强烈，也不如后者那么难以获得满足。”每颗心灵对美的渴望和感知都是与生俱来的，但这种天赋需要借助眼睛和耳朵来实现，否则便会退化甚至消逝。

里斯先生时常从自己位于长岛的家中带上一些鲜花，前往纽约摩尔布里大街去看望那里的“穷人”。“可他们从没到过那里，”他说，“每次走到距离渡口不到半个街区的地方时，我会被一伙孩子拦截，他们不时发出怪叫声，吵着要我手中的花，扬言不会让我再往前走一步，除非我也给他们一束花。而每次当他们‘得手’之后，便小心翼翼地握着花溜之大吉，跑到一个安全的地方，幸灾乐祸地欣赏自己的战利品。后来，他们甚至把一些大大小小的婴孩也拉入伙。当我拿着这些金灿灿的花朵站在这些婴孩面前时，他们的眼睛发出光彩，瞪得又大又圆。我隐隐约约地感觉到，这么美的花或许他们以前从未欣赏到，这些花对于他们有着前所未有的吸引力。看起来，越是那些年纪小的、贫困的小孩，便越渴望得到这些花，所以每次我的花都给了他们。这种情况下，谁还会忍心拒绝一颗爱美的纯真的心呢？

“而也正是在那一刻，我才更深刻地体会到，那些贫苦的人心中有另一种渴求，相比报纸上报道的有关他们身体遭受的饥饿以及他们正渴求的温饱，这种对美的渴求更为强烈。而透过这种渴求，我看到他们心中闪耀的善良天性。对美的渴求——天性中这团熠熠生辉的神圣火花，能将他们从任何罪恶中解脱出来。他们的灵魂因为这份渴求和理想，得到净化和升华。当这些孩子哭喊着向我索要花束时，他们正以自己所能实现的唯一方式告诉我们：如果我们漠视这些贫民窟的孩子精神上的贫困，如果我们任由那片本该鲜花盛开的地方，充斥着肮脏、丑恶、泥泞的现实，那只能表明，我们自己的精神世界同样一贫如洗。对于其他生物，若没有了灵魂和理想，也许还能照样生活，照样成长，但作为一个真正意义的人，没有灵魂则如同行尸走肉，对于生命、对于周围的世界，几乎都毫无意义。岁月蹉跎，当人老去的时候，没有灵魂的人留给这个世界的，将只剩下如贫民窟那般黑暗的污渍。

“所以，时至今日当我们涌入贫民窟去为穷人们建造房屋，当我们将苦难的孩子送进幼稚园，当我们在学校里挂上艺术大师们的画作，当我们教会贫穷的母亲们装饰那些屋子，当我们为孩子们建造明亮的教室和崭新的公共建筑，当我们在那些曾经阴暗污秽的地方种满花草，当我们教那里的孩子们跳舞、游戏，让他们乐在其中时……那是多么美好的景象啊！我们努力地清除污迹，以解除自己身上背负的债务。如果不这么做，那么这笔因公民责任心缺失而背负的心灵之债，恐怕会令我们的双肩更沉重，比任何社会甚至整个国家长期以来所背负的债务都要沉重。我们除了不停地为自己可悲的冷漠偿还巨额债务外，别无出路。”

尊敬的富人们啊，你们可知道，无数贫困的孩子生活在纽约的贫民窟里。假如有一天，当这些孩子们走进了你们的起居室，当他们面对其中华丽的油画和昂贵的家具瞠目结舌、不知所措时，你们能否意识到，相比他们，你们自己对美好和高雅的敏感相当迟钝。你们早已为物欲和贪念所扼杀，你们已经永远无法像他们一样，感知身边的美景了。

世界充满了美好，但我们大多数人看不见身边的这些美，因为我们正在失去对美的洞察力。我们的眼睛没有接受过美的训练，我们对美的感知力没有得到开发。我们就像那位站立在透纳（Turner，英国画家）身边的女士，面对他那幅著名的风景作品，惊愕地呼喊：“哎呀，透纳先生，您的作品里所描绘的那种风景是在哪里，我怎么未曾发现啊？”

“可您不是希望自己能看到它们吗，夫人？”画家这样回答她。

想一想，为了追逐金钱和权势，我们已将多少珍贵的乐趣挡在了生活的大门之外。透纳在风景画中所看到的大自然的奇迹，难道你不想一睹为快吗？罗斯金（Ruskin）在夕阳西下时的光景，难道你不想亲自感受吗？往自己有限的人生里注入更多的美好，难道不是你这辈子渴望的吗？可正好相反，有时候你对世俗的名利无休止地追求和对他人无情地索取，让你的天性变得粗鄙不堪、萎靡不振，让你对美的洞察和感知荡然无存。

那些接受过美感教育的人，那些从小便煞费苦心去培养高尚的灵魂和爱美之心的人，是幸运的，因为他们拥有了一笔无法剥夺的宝贵财富。

欣赏他人的所有

“与其勉强追逐那些自己不能欣赏的事物，毋宁尽情欣赏那些我所不能拥有的事物。”

在《世界公民》一书中，戈德史密斯描写了这样一个故事：有一次，一个富有的高官走在路上，他浑身上下都装饰着辉煌耀眼的钻石。突然，人群中一个陌生人向他表达了殷勤的感激。那个高官受宠若惊地叫道：“朋友，您这是什么意思？我可从没给过您任何珠宝啊。”“不错，您是没有赐给我珠宝，”这个陌生人回答道，“可是您让我看到了您身上的珠宝，让我欣赏到我所没法拥有的珠光宝气。对我们而言，这是您佩戴它们的唯一用途。所以，我对您感激不尽，因为您的佩戴，我轻松地欣赏到美。”

类似的例子，在以往的文学作品中并不少见。在华盛顿·欧文作品中为读者所熟悉的那位法国侯爵，在谈论杜伊勒利宫和卢森堡公园的林荫小径，将其当成自己在城市的娱乐场所；谈论凡尔赛宫和圣克卢宫，把它们视作自己的乡间休假地，借此慰藉自己失去城堡的失落感。“当我在这些精致的花园中漫步时，”他说，“我只需把自己想象成园子的主人，这些花园便在瞬间归我所有。园中所有快乐的游客都是我的嘉宾，而我却无须劳心费神去招待客人。我的这些地产都是完美的无忧宫殿，没有人会来打扰我这位主人，客人们尽可随心所欲。整个巴黎城都是我的剧场，不断有精彩的大戏为我上演。每条街道上都设有为我准备的餐桌，无数的侍者争先恐后地跑来为我服务。当我的仆人们殷勤地侍候我时，我可以打发他们走人，也付给他们酬劳。在我转身忙于其他事务时，我不用担心他们偷走我的家产，或者做错事。基本上，”说到这里，年迈的绅士露出一丝微笑，风趣地说，“看看现在所享受的一切，再对比一下自己从前的一切苦难和不幸，我认为自己拥有万贯家财。”

乐于欣赏他人拥有的，持有这一观点的还有罗伯特·L斯蒂文生，他曾经将自己收藏的油画和家具打成包裹，邮寄给一个即将成婚的宿敌，然后写信给一个朋友。他告诉这位朋友，自己的心情就像一个被拘禁多年的奴隶终于摆脱了奴隶主的控制一般。他说：“我恳求你，不要自己担风险。我敢保证，你根本没有多少工夫和心情去欣赏一幅油画。等你什么时候有闲情逸致时，直接去画廊欣赏好了。在此之前，倒不如让那个势利小人去拂拭那幅油画，让他好好保管它们，直到你的到来。”

为什么这些杰出的人物在贫困潦倒、令人生畏的环境下，还能拥有如此珍贵的精神财富？而有些人却空有那么奢侈豪华的物质条件，精神上却一贫如洗？

这完全是一个有关价值衡量的问题。拥有了欣赏美的能力，我们便拥有了这个世界的美，即使这些风景的所有者并不是我们。当我们经过他们的花园，当那条条林荫道、片片芳草地的秀丽景色尽收眼底时，我们不正是拥有那美景的主人吗？他人的一纸地契是无法剥夺我们感悟美好的权利的！那些田园风光的胜景，那些溪流和草地的秀美、夕阳的壮丽、山谷的幽静、鸟儿的歌唱，都逃不过我们的视听耳闻，都被我们揽入心中。

上帝赐给我们的最好礼物，是无论何时何地都能收获欢愉、自得其乐的能力。它能让我们的生命之路更为宽广，能使我们的天性变得更为高尚，能让我们的人生经历更为深刻，能激发自我修养的力量。

有些人总是显得顽固和多疑，他们的个性卑鄙、吝啬、冷漠而且短视，从来不曾向世界袒露心胸，去感受自身的美好，让自己的天性与大自然进行交流。他们心胸狭窄，以致他们无法包容和欣赏别人，他们的人生便注定在困苦和艰难中度过。

而事实上，获得生命中那些有价值的财富和美好，唯有心存仁厚，以及懂得宽容和慷慨。

我认识一位生活在纽约的女士，虽然身材矮小且双脚先天残疾，但她拥有人见人爱的魔力：温柔、亲切、开朗而端庄。她用心爱人也懂得尊重人，所以无论走到哪里，都是那么的受欢迎。这是她的真诚、无私和热情，掩饰了外表的缺陷，并打动了每个遇见她的人。这样的一种高尚品质，足以令我们每个身体健全的正常人感到惭愧。

我还认识一位男士。他虽然生活颇为困窘，却比任何一个我认识的富人还要幸福。而这只不过是因为：早在年少时，他便懂得欣赏一切美好事物，即使那是别人所拥有的。正因为这样的高境界，无论在怎样的情况下，他都从不会对任何人心生嫉妒。相反，他总是对那些拥有财富和美好的人心存感激。他的灵魂是那么温馨而可爱，他的身上具有那种向四周散发阳光和快乐的魅力，让其他任何一个灵魂都为之感动。

所以，不论你是多么的贫穷和不幸，都没有关系，你仍然拥有权利去享受世间那价值连城的艺术作品和美轮美奂的稀世之宝。至于是否拥有它们，已经与你的幸福和快乐无关了。看一看我们这座著名的城市吧，在这座我们花费无数资财建造和修缮的奇迹之上，建造着无数私人的庭院、花园和随处可见的美景，耸立着多少宫殿般的公共建筑和典雅的居民区，而所有这一切，你都能免费欣赏，哪怕你可能一无所有。

不要认为自己一无所有，便连欣赏美的权利也放弃。如果没有学会在身无分文之时去欣赏世界的美好，那么你便错过了修炼情操和丰富阅历的一个绝好机会，也会与你一直期盼的幸福擦肩而过。要知道，幸福的秘密在于保持心情的愉悦，知足常乐。“不安于现状，永难满足的人总是贫困；而那些珍惜眼前所有，同时又能欣赏他人所拥有的人，才是富有的人。”

基于对我们人生的负责，基于对幸福的渴望，我们应该从孩提时期就接受这样一种教育：不论自己的处境多么微贱，都能从他人所拥有的财富、美好和经历中感到满足。应该趁年少时，培养自己爱美的天性、培养敏锐的洞察力；学会宽容、学会体会万事万物蕴藏的真、善、美。而所有这些，都将使我们视野更开阔、性情更高尚、人生更美好。

第二章 ——— 个人魅力源自良好性格

布莱恩、林肯、罗斯福……这些伟大的名字足以博取人们最为激情高涨的欢呼，正是这些人身上拥有的这种难以形容的非凡品质，当我们在听到这些如雷贯耳的名字时，才会如此疯狂和痴迷。正是这种伟大而高贵的气质，使得克雷成为他的选民心中的偶像。也许有人认为卡尔霍恩更伟大，但他却不能像克雷那样，将民众“沼泽中的磨坊学徒”般的热情唤起。或许韦伯斯特和萨姆纳更为杰出，但他们也无法像布莱恩和克雷那样，把民众心中的烈火点燃。

一个历史学家曾这样说道：“要评估科苏特对人民的影响，我们首先得测量出这位演说家的身材，然后再将测量的皮尺向上延伸，直到测出他的魅力。”如果我们的直觉足够精密，我们的眼力足够敏锐，我们不但可以测量出一个人的魅力，还能对其同学、朋友的前途做出更准确的预测。对于他们所取得的成就，我们几乎从来没有把他们的个人气质和魅力作为一个原因来考虑，我们总是想当然地认为，那只是因为他们的能力超群。而事实上，这种个人的气质在他们的成功路上起着不可或缺的作用，甚至比智力和教育的作用更重要，这种气质能直接影响到一个人的进步和成就。回顾我们的经历，总有这样的一类人，他们或许才智平庸，却能凭着高雅的气质和潇洒的风度很快超越他人——那些远比他们更聪明、更有天赋的人。

对于个人气质的影响力，我们不妨做个形象的比喻：有的演说家发表演讲时，铿锵有力的语言能像旋风一样托载起在座的每位听众，然而等到他的演说集出版，竟很少有读者再为之感动。因为演说集只有冷冰冰的文字，缺少了他现场演讲时的个人情感。这类演讲者的影响力，完全是依靠他们的个人气质。

个人魅力是一种神奇的天赋，它可以改变最强硬的性格，甚至可以掌握一个民族的命运。

拥有这种个人魅力的人是相当幸运的。我们总是不经意间受到那些拥有这种神奇力量的人的影响。每当他们出现的那一刻，我们仿佛见到了伟人。他们开阔了我们的视野；他们让我们感到浑身充满无穷的力量；他们打开我们心中那把未曾打开的希望之门；他们让长期以来压在我们心中的那块石头终于落地，令我们体会到一种从未有过的坦然。

不仅如此，这种人身上的魅力，让我们不自觉地想和他们亲近，不自觉地敞开心扉。当我们和这些人交流时，即使只是初次会面，我们也会为自己的变化感到吃惊。我们的语言比以前任何时候都要更清晰、更生动，忽然之间，我们便能说会道了。他们让我们看到了一个更伟大更完美的自我。他们能让我们展现自己最好的一面。在他们身边，仿佛转瞬之间，我们的人生变得更加高尚和有意义起来，我们心中充满空前强大的动力和渴望。也许不久之前我们心中还满是忧伤与气馁，但他们身上散发出的人格魅力像闪电一样照进我们的人生，照亮我们那些潜藏已久的才能，我们的悲伤和绝望便一扫而空，取而代之以欢乐和希望。至少在那一刻，我们有脱胎换骨的感觉。先前那种缺乏目的和追求的生活，那种死气沉沉的平庸生活，已经消逝在我们的视野中。从此，我们下定决心，将被激起的潜力，将满腔的热忱，重新投入到新的人生目标的追求之中。

和这些人的接触和交流，即使只是片刻，我们在心智和灵魂上的力量也会获得大幅提升，就像当一台发电机变为两台时，电线中的电流强度翻倍一样。他们身上散发的魅力是那么吸引人，令我们流连忘返，生怕一离开就会失去心中那股新生的力量。

相反，有时候，我们也会遇到截然不同的另一类人。与他们交往，让我们的热情消退，让我们的生命枯萎，让我们将自己锁在自己那个小圈子里面。每当他们靠近时，我们便感到一阵寒意，即使身处仲夏的季节，也仿佛遭受凄厉的北风的袭击。一种枯萎而吝啬的感觉，一种仿佛能在瞬间使我们变得弱小的感觉，迅速席卷我们的心灵。我们将明显地感到身上的气力和心中的希望正逐渐丧失。只要这些人在场，我们的脸上就不可能出现笑容，就像在出席葬礼时不可能开怀大笑一般。只要他们在场，我们便会觉得浑身不自在。我们身上的一切激情，都在他们阴郁恶毒的气质的笼罩下转瞬冷却。好比眼前明媚的阳光被一大片乌云迅速遮住一样，他们的阴影笼罩在我们头顶，让我们眼前一片茫然，心中充满莫名其妙的不安。

这些人对我们的事业和前途漠不关心，说得更严重点儿，与这样的人交流，甚至会危及我们的信念和理想。他们的出现，只会令我们的情感变得麻木，徒增消极厌世的情绪。当他们接近我们时，我们的目光和志向会在无形中变得短浅而粗鄙，人生的热忱和激情也将为之褪色。我们只能依靠自我激励来坚决捍卫心中的希望和雄心。

如果我们对这两种性格进行比较，便不难发现其间的主要区别：后者待人冷漠，缺乏同情心；而前者心地善良，宽以待人。当然，那样的一种翩翩风度，那样强烈的人格魅力，主要还是与生俱来，它能让在场的每个人都为之倾心。但是，我们也不能否认后天的努力和修炼，可以成就那样迷人的魅力。那些能坚持大公无私和舍己为人的人，其实很多都是始终坚持行善积德的人。他们将鼓励和帮助别人看作一大乐事，并借此来提升自身的修养和魅力。这种人，无论走到哪里，即使谈吐举止没有大家想象的那么优美文雅，也仍然能给身边的人带来积极的影响，受到大众的欢迎与拥护。每个与他们接触过的人都会为他们的言行而感动，进而激励自己不断向上。而大众也会将信赖和爱戴作为回报，献给这些伟大的人。其实，只要努力，我们每个人都能靠后天的修行培养出这种高尚的人格。

对于每个人身上都具有的这种无法捉摸、难以言状的神秘气质，我们通常称之为个性或人格。一般而言，相比那些可以衡量大小或评判优劣的能力和品质来，它的威力要更大。

其实，大多数具有磁性的人格魅力，都是源于优雅而精致的风度，以及机智而得体的举止。除此，自身良好的判断力和丰富的常识也是必不可少的。最后，也不要忘记努力培养高雅的品位。如果你的品位和别人的大相径庭，那么，想要不伤害到他人的感受，几乎是不可能的。

培养优雅风度，提升成功概率

人的一生中可以进行几笔巨额投资，其中之一便是成就优雅的风度、高尚的举止、施惠于人的艺术和慷慨大方的情感。这笔投资的收益绝对比金钱投资所得的回报要大得多，所有的大门都会对具有这些性格的人打开，因为他们拥有使人开朗快乐的能力。无论身在何处，他们都将是炙手可热的叱咤红人，绝不只是受人欢迎而已。

不论何时都尽力与人方便的，是很可贵的品格，也将帮助年轻人实现人生中的升迁或发迹。林肯的成功也要归功于这样的品质：无论什么样的场合，他总是那么的平易近人、和蔼可亲，那么的古道热肠、乐于助人。他的法律合伙人赫恩登先生曾说过："每当拉特利奈客栈客满时，林肯总会将自己的床位让给旅客，而自己却跑到店铺里，拿一卷花布当枕头，在柜台上将就着过上一宿。"渐渐地，无论大家遇到什么麻烦，都乐意去找林肯帮忙。也因此，林肯的名声越来越大，并深受人民的拥戴。

对别人有求必应、尽力相助，这需要一种宽广的胸怀和高尚的风度。而一旦拥有这种胸怀和风度，那将是一笔巨额的资产。试问普天之下，还有什么能比这种永远受人爱戴和尊敬的人格魅力更可贵的呢？人们总会看中这种品质，各行各业皆是如此：它能给政治家带来政绩；给内科医生带来病人；给律师带来案源。不论你将来进入哪一行业，想要受人欢迎，那么务必要培养这种品质。它能影响乃至取代资本的地位，其作用往往胜过大量艰辛劳动。所以，对它做出再高程度的重视也不算过分。

有些人天生具有吸引生意、顾客的能力，正如磁石天然具有吸引铁屑的力量一样。一切事物似乎都顺着他们，就好像铁屑由于受到吸引而纷纷指向磁铁一样。

这类人在生意场上，总是能够事半功倍，财源滚滚。他们似乎不费吹灰之力便取得了事业上的成功。朋友们都把他们的成功归因于好运气。但是，如果我们仔细地分析他们的发迹史，便会发现：他们身上那种磁石一般的吸引力，才是他们成功的最关键原因。他们是靠自己独特的人格魅力，赢得了所有人的心。

如果对自己的成功史进行一番总结，许多人都会惊讶地发现，很多时候，是自己长期养成的谦恭有礼和其他受人欢迎的品质，为自己赢得成功。如果没有这些品质，那么，即使拥有再高的学识智慧，接受再好的职业训练，也不足以给他们带来如此巨大的成功。这是因为，如果一个人令人生厌、举止粗鲁、言词无礼，他在职场上便常常受到客户的质疑和猜忌，更不用谈赢得别人的认可和支持了，合作成功也就无从谈起。

相反，那些温文尔雅的人身上永远散发着一种独特的魅力，这使得他们总是受人欢迎，很少遭人拒绝。不论你有多么忙碌，多么焦虑不安，也不论你多么厌恶被打扰，他们的魅力总能得到你的偏袒。不知何故，面对这些拥有令人愉悦个性的人，你总是无法硬起心肠。

这种人在与人初次交往时能给他人留下极好的印象，在与新客户接触时像熟知多年的故交，在获得他人认可和好感的同时，都极少冒犯别人的品位或是引起任何偏见。一旦具有了这种能力，巨大的成就、高额的薪资和好运气便会自然而然地来临。每个人都希望自己拥有这样的一种能力。那么怎么做呢?

培养一个好的名声，对此将是十分有意义的。它可以令你的心智迅速成熟，可以塑造你的个性，可以大大提升成功的概率。不仅如此，好名声还将让你广结朋友，也将大大有助于你未来的成功。即使在银行倒闭、恐慌来临、生意萧条的日子里，有可以和你共患难、默默支持你的朋友，这也将是一笔无价资本，足以令你重整旗鼓，东山再起。

那么，怎样拥有好的名声，怎样才会受人欢迎?首先，需要学会慷慨无私，学会控制自己的脾气，做到待人彬彬有礼、和蔼可亲、温文尔雅。其实，在你试着变得谦恭和尊重他人的过程中，你便已经迈上了通往成功和幸福的捷径。

其次，保持热情和快乐的个性，也是赢得别人欢迎的一大秘诀。因为充满活力的人，看上去总是更具有吸引力。如果你的身上散发出可爱与希望的光芒，那么，人们便会乐于与你为伍。毕竟，我们每个人都在找寻阳光，远离阴暗。相反，面对那些总是愁眉苦脸的人，人们只会皱起眉头避而远之。所以，在与人见面时，在与人握手时，在和人交谈时，请时刻保持微笑，那会让你看上去更明媚、更阳光、更具魅力。

人们总是被那些讨人喜爱的品质所打动，而对各种令人生厌的个性避而远之。成就受人欢迎的好品行有其内在的法则：彬彬有礼之人总能取悦他人，而粗俗野蛮者只会遭人反感。对于那些不辞辛劳提供帮助的人，我们往往心生好感。他们的乐善好施和同情心总能让我们感到安慰。所以，请认真修习这些为人处世的艺术。它能使你心怀更宽广，令你更有同情心，让你更好地表现自我。在人类所有与生俱来的权利之中，恐怕没有什么比极高的人格魅力更令人欣喜的了。

如果在家庭或学校的教育中忽略了这些，将会是很不幸的事情。因为，在很大程度上，我们的成功和幸福都有赖于它们。也许我们的知识面很广阔，但是，如果我们不能同时展现出我们的慷慨大方、富有同情心，而只是展示给别人尖酸刻薄。那么，我们可能连那些尚未开化的粗野之人都不如。我们的人生终将在狭隘和沉默中平庸度过。

很多人之所以备受大家欢迎，是因为他们竭尽全力训练优雅的风度和提高个人素质。有些人天性不善交际，但如若他们常常出入社交场合，在这些方面多加努力，假以时日，他们一样能够创造奇迹。

通过社交向他人学习

当我们与那些极富人格魅力的人交往时，我们内心深藏的、不为我们所知的力量，会被他们的强烈个性唤起。试问当一个人多次感受到这样的一股伟力时，当他的才华和能力获得磨砺，变得锋芒毕露时，对他来说，还有什么事情是无法实现的呢？那些演说家在听众面前展现出的强大能力，其实也是从听众身上汲取而来的。但他们永远无法做到像化学家在实验室里那样，使用数个烧瓶从化学物质中提取出所有的能量。只有通过交流和化合反应，新的创造和力量才能获得发展。

很少有人意识到，那些与我们一同工作的人，对于我们的成长和成功起着何等重要的作用。一个优秀的伙伴，将激励我们尽情施展我们的才华，将让我们的人生迸发出希望的光芒，并在精神上支持和鼓舞我们不断奋进。

我们总是高估了从书本上获得的知识和技能。书本上的知识固然可贵，但源自心灵间的交流的另一类知识则更是无价之宝。事实上，大学教育的主要价值，在于学生之间的相互交流、相互鼓励；在于一帮志同道合的年轻人的互相帮助和互相支持。在相互间思维火花的碰撞之中，他们的才华和潜能被不断发掘出来；在相互的竞争中，他们从此树立起更远大的理想。与此同时，一扇扇希望之窗就这样被打开，他们的未来也由此充满无限的可能。

两个志同道合的人也经常会在彼此身上发现自己以前从未发现的力量。这就像两种没有任何相似点的物质在发生化合作用后能生成第三种更强大的物质。许多作者将自己最得意的著作或是最经典的言语归功于自己的朋友，因为是他们激起自己沉睡的潜力。艺术家们大多都有过这样的经历：在某个人的鼓励下，或是从某位大师的作品的启发下，他们突然获得了灵感，心灵为之触动，激发出一股追求永恒的力量。

当一个人拥有志趣相投的好友时，他的人生便宛如开始了一次发现之旅，从此以后，随着和朋友们的交往不断深入，他将不断从他们身上获得启迪或激励，从而找到多年来一直潜藏于自己心中的新大陆。这是因为旁观者清，我们所遇到的每个人都会或多或少看到我们身上的一些本性，这很可能是我们自己看不到的。透过朋友这面镜子，我们将能够更客观地认识自己、发现自己。从而更快地找出我们的缺点和不足，及早地自我完善和自我提升，在丰富自己人生阅历的同时，踏上成功之路。

一旦我们懂得从别人身上反观自己、从别人的经历中学习经验，那么，我们将收获更多惊喜，你会为此惊叹不已。

一个人如果能抓住机遇打动社会各个阶层的人士，他便可以变得更成熟；一个人如果能够在志同道合者身上学到一些东西，他将更快地成为该领域的专家。所以，不要错过和我们同类型的人，特别是和那些社会地位高于我们的人打交道的机会。因为他们身上总有很多值得学习的东西可以帮助我们迅速提升自我，让我们变得更有魅力、更有风度。

每当与人交往时，如果你能将他视为一座宝藏，并且认为这座宝藏可以丰富你的人生、开阔你的眼界、使你成为一个真正意义上的“人”；如果你打算将社会视为一所完善自我、培养优秀的交际素质、开发自己因疏于联系而休眠已久的脑力的一所学校，那么，你会发现，原来社会既不是你想象的那般厌烦和无聊，也并非毫无益处。从此你就不会再认为自己每次在客厅陪客人是在虚度光阴。

培养坦率热情的性格

无论年轻还是年老，坦诚与率真都是最令人欣喜的性格。那些具有开朗而直率的性格，不会想方设法掩饰自己弱点和错误的人，总是深受欢迎的。凭借自己的坦率和单纯，他们将激发别人以同样的方式为人处世；因为心胸宽阔、坦率真诚、慷慨大度，他们总能够激起人们的爱慕和自信。

坦率热情具有吸引他人的力量，与之相反，行事隐匿只会惹人厌恶。当一个人倾向于掩饰自己时，往往会招致怀疑和不信任。这一类人总是沉默寡言、城府极深，和他们相处就像在深夜乘坐一辆公共马车旅行一般，虽然在出发时一切顺利，可是总感觉前方潜藏着某种隐患。与那些拥有率直的阳光个性的人相比，我们始终无法对他们报以充分信赖。出于对这些未知的危险的不安，我们往往显得十分不自在。这类人也许并没有可以怀疑的地方，也不一定像我们想的那样阴险，相反他们最后可能对我们也足够真诚和率直，但是我们仍然不能确定，更不敢相信他们。在我们眼中，他一直是一个谜，因为现实中他总爱戴上一张面具，他努力隐藏自己的每一处缺点。如果他一直控制自己，掩饰下去，我们便永远无法看到他的真实面目。不论他多么彬彬有礼，多么和善殷勤，我们就是无法消除心中的成见。

相比之下，那些开诚布公、心怀宽广的人又是多么的不同！他们总是能够真诚地承认自己的过错并加以改正。他们的个性中有些不好的地方，也总是能被看到，而我们也乐意为这些白玉微瑕留点儿余地。他们的心灵健康而真诚，心胸广阔而积极。因为坦率而单纯——这两种他们身上所特有的品质，将大大有益于他们成长为最高尚的一类人。

在南达科他州的布莱克山区，曾经住着一位微贱的矿工，他身边的每个人都很尊重和爱戴他。当一个英国矿工被问及为何当地的居民都热爱这位工友时，他们这样回答道："因为他是一个好人，有一颗真诚坦率的心。与他交谈，你总是觉得很安心，而找他帮忙，你也会很放心。他总是那么热情善良，每个找他帮忙的人都不会失望。"

相比这位朴实而卑微的矿工，一群来山区淘金的年轻大学毕业生和年富力强的壮汉，却没有谁能够像这个矿工一样赢得大家的信任。虽然他不懂得那些烦琐的社交礼仪，甚至连一句合乎语法的话都不会说，连自己的名字都不会拼写，但他仍然彻底地征服了每个人的心，以至于那些受过高等教育的人或是有着良好修养的人都自愧不如。凭着人们的爱戴和拥护，他当选为一镇之长并被派往立法机关。而这一切的原因，都在于："他是一个好人，古道热肠。"

可见能否得到信任和尊重，并不是看我们的学识或身份地位，而是看我们的品性和心肠。

第三章 交际技巧带来的奇迹

处事精明是一个非常微妙的词汇，很难给它下个定义，也很难培养这种能力，但对于那些想迅速而稳健地融入社会的人来说，它是绝对必要的。

有些人拥有精明的判断力，而且已经达到一种既可以自由地表达自己的判断，又不致冒犯别人的境界。很显然，这种人在社交场合中总是能够左右逢源、无往不胜，他们几乎从不需要为说过的话而付出代价。

另外一些人，则恰恰相反。很多时候，尽管他们的初衷是好的，但是，不论他们说什么，总是不可避免地会惹人反感，很容易让人产生误解。这主要因为他们不懂得审时度势，他们时常在无意间伤害别人。如此一来，他们总是事与愿违，无所适从，好像手中握有一个线团，却从来都找不到它的活结，不但不能理清，最后反而将线团扯成了一团乱麻。

因处事不精而造成的损失，又有谁能算得清呢？

仅仅因为没有培养起这种处事能力而造成友谊出现裂痕、客户流失、资金受损等情况的人可谓到处都是。商人失去客户，律师失去了委托人，医生失去了病人，报刊失去了读者，神职人员失去了讲道坛，教师失去了讲台，政客失去了民众，这一切的根源，都是因为他们处事不精。

大错不断，小错连连。我们经常可以看到这样的情形：很多人空有一身才华却无处施展。岁月蹉跎，他们的能力和才干被白白浪费，因为他们缺乏那种难以形容的、微妙的素质——我们称之为处世之道，他们不懂得在适当的时候做正当的事情，从而导致自己无辜地去承受这些致命的错误。

不管一个人的才能多么卓越，如果他缺乏精明的处世之道，如果他不能学会表达得体，不懂得见机行事，那么他纵有一身本事，也难以发挥出来。也许你接受过高等教育，也许你在某方面天赋过人，也许你精于自己的专业，但日复一日，你的才学始终是“英雄无用武之地”；可是，如果你处事精明，并能运用上天赐予的天赋坚持到底，那么，终有一日，你会受到重用，实现梦想。

许多人正是凭借着精明的为人处世的能力收获成功，即使他们才能并不出众，却常常要比那些不谙世事的天才们要收获更多。在商界，处事精明是一笔宝贵的资产，尤其是对那些大城市里的商人来说，精明的处事方法和为商之道，在招揽客户、赢得生意上面，起着举足轻重的作用。

一位地位显赫的商人，把处事精明列于其成功秘诀的首位，然后才是积极热情、精通商业知识和衣着得体。下面这一段是一位商人发给顾客的信，也是处事精明的一个例子：

“我们衷心感谢阁下提出的建议，并将立即采取措施予以完善。”

看到这里，再想想那些总是因为处事不当而赶走大批客户的人吧，面对这样的情况，他们不是感谢对方的抱怨，而是找各种理由逃避客户的不满。这就是懂不懂得精明处事的区别。

可见，处事精明的人，都懂得敢于面对别人的批评抱怨，并得体地解决它们，而不是逃避。此外，处事精明的人，会努力地赢得同伴的信任，和他们成为彼此忠诚的朋友。因为唯其如此，他才会在商业或其他领域中大获成功。好朋友常常会在关键时刻给我们的事情以关注，不遗余力地为我们的产品进行宣传，会详细报道法庭上的审判过程，或是盛赞我们高超的医术；当我们名誉受到诽谤时，他们会站出来为我们辩护，谴责诽谤者。曾经有这样一个年轻人，他资质平庸，却早早做上了美国参议员。他之所以能取得成功，其最主要原因便在于懂得与人交往的艺术。

可是，如果我们处事不精明的话，是很难得到友谊的回报的，相反将可能受人排挤，无法与人融洽相处。如果是这样，我们将很难和他人合作，而且总是招致他人的偏见。

我认识一个人，尽管他有成为伟人的潜在可能，也具备一个领导者应有的素质，但他从来都不能很好地与人相处。相反，他总是引起别人的抵触情绪，甚至因此毁了自己的整个人生。他经常做错事，说错话，经常不知不觉伤害了别人。因为对于“处事精明”一窍不通，他几乎一生都在困苦潦倒中挣扎，却始终无力改变自己的命运。

说话不可太直率，要有所保留

说话拐弯抹角，喜好要手腕的人是不可靠的。相比之下，那些拥有坦诚而率真品格的人总是引人注目，因为这种品格是诚实和耿直的象征。人们似乎更愿意相信那些直言不讳、直来直往的人。

但是，这些人也很难获得什么成功。不错，大家相信他们的诚实，但常常会质疑他们的处事力、判断力和领悟力。他们不懂得圆滑世故，他们说话有时不经大脑，也常常忽视听者的感受，因而总是惹祸上身。所以，那些以口无遮拦为荣的人，通常不会有很多知心朋友，也不会有成功的事业。毕竟，人们通常会回避他们，避免在他的话里受到伤害。

“一个管理上的细节问题也会遇到阻碍，而即使你费很大力气也是无法克服的。”另一个作家说，“一个处事精明的男人不仅会充分利用他所熟知的东西，也懂得去利用各种他不懂的东西。这样一来，他可以很熟练地隐藏自己的无知并赢得更多的信任，而不至于成为那种只知炫耀自己才学的目光短浅者。”马克·吐温说：“事实总是值得珍惜的，但我们在运用事实的时候，也应有所保留。”

当法国大革命发展到高潮时，激动的百姓涌入巴黎街道。一支小分队受命前往增援某条街道。他们的指挥官下令：“谁不让开，就马上开火！”一位年轻的陆军中尉认为这样直接而直率的命令，很可能会引起群众的不满，也会伤害群众的感情。于是，他主动请缨前去说服百姓。他骑马来到人群前，脱下帽子，用商量的语气对民众说：“女士们先生们，请散开吧，我们只受命对暴民开枪。”市民们心服口服，立刻就像施了魔法般散去了。没有任何伤亡，一切恢复了平静。

由此可见，站在听者的立场上去思考，恰如其分地表达我们的想法，常常会起到事半功倍的作用。相反，直率地表达我们心中的想法，而忽略听者的感受，则可能引起众怒，对于办事相当不利。

幽默是交际的润滑剂

幽默，它能化解压迫感，它让我们经常忍俊不禁，它让我们在不经意间就被劝服。幽默，也是处事技巧中的一种。

有人曾经说过："所有的鱼都会受到钓饵的诱惑。"既然如此，那么，不管那些善于交往的人显得多么另类，只要他们抓住机会，就能立刻吸引在场的所有人。

在一所公立学校，老师批评了一个喜欢捣乱的10岁爱尔兰小男孩，这个小男孩不肯承认错误。老师说："我看见你了，杰里。""是的，"男孩不假思索地应道，"可是，您漂亮的黑眼睛似乎不太同意您的说法呢！"这位小男孩的天真幽默，把老师逗笑了，竟舍不得批评他了。

政治家如果能适当运用幽默，将能在外交过程中，轻松地应付各种提问和"刁难"。

顾维钧先生当年出任驻美国公使。有一次，他参加华盛顿的国际性舞会。当时，一位美国小姐和他一起跳舞，忽然间，那美国小姐问顾维钧："请问，您喜欢中国小姐，还是喜欢美国小姐？"顾维钧面带微笑地回答说："凡是喜欢我的，我都喜欢她！"顾维钧的这一幽默妙答，既礼貌又敬人，也不会造成"顾此失彼"的窘境，真是位高手！

法国有一位政治家，他一向以幽默闻名。一天，一位英国太太问他："法国女人是不是真的比其他国家的女人更迷人？"他毫不犹豫地说："那当然了！因为巴黎的女人20岁时，美如玫瑰；30岁时，也像情歌一样迷人；而40岁时就更完美了。"那位英国太太又问："那么40岁以后呢？"他微笑着说："太太，你知道吗，一个巴黎女人，不论她多少岁，看起来都不会超过40岁啊！"

看吧，幽默就是有这样的魔力。有幽默感的人，更受欢迎，也更容易交到朋友，因为他们的独特方法能赢得大家的支持，他们能将自身最美好的一面展示给大家。言谈中，他们总能够让大家感到轻松愉悦，有他们在的地方，也常常充满欢声笑语。

所以，从现在起，培养你的幽默感吧，试着乐观地看待生活中的每件事，发现事物之间有趣的联系。只要坚持不懈，有一天当你面对窘境或刁难时，你也可以利用幽默一笑而过。

交际技巧助你成功

良好的交际能力，能帮助资质平庸者驾驭他人。而如果缺乏这种能力，纵使天才也可能无法做到。良好的交际技巧，不仅让我们能够更顺利地与人沟通，也会对我们的工作起到积极的作用。

不善于交际，不但不利于我们的工作，很多时候还将影响到一个人的威望和美誉度，对于伟人也不例外。即使是大名鼎鼎的拿破仑，因为在谈话中表露出粗俗和自私的语气，很多女士不仅对此感到害怕，也很反感。雷诺夫人任职于一家大公司，是当时最漂亮、温文尔雅的女性。她一直是宫中贵妇们嫉妒的对象。拿破仑见到她时就曾对她说："你知道吗？夫人，其实你年纪已经相当大了。"而她当时还很年轻。她优雅地回应道："高高在上的您和我交谈，这本该成为我的荣耀。可是，我却要被这句难听的话折磨很久。"

这样的人还有很多。他们都不愿意去理会自己不关注的人。如果有人因为习惯或个性稍微触犯到他们，他们便不屑和这个人打交道，甚至会口出恶言，将自己的不满表露无遗。如果他们不得以和自己不感兴趣的人共事，他们的冷漠和无情可能会让那个人不寒而栗，或是耍些手段令他感到不舒服，很快对方也会和他们断绝来往。

如果我们不愿意变成这么孤僻的人，就要努力使自己变得合群，要对我们不感兴趣的人给予关注，这就是世界上最好的处世准则。即使对于我们不感兴趣甚至排斥的人，也要找到他们值得关注的地方，以此为切入点开始彼此的谈话和交流。对一个有智慧、有素养的人来说，从每个人身上找到一点儿自己感兴趣的东西并不是件难事。

当然，对于很多人来讲，如果对一个人第一印象不好，便很难说服自己与其进行深入的交谈。这也是人之常情。但是事实上，我们仅仅源于一个初次印象而产生的偏见，是很主观的，可能会造成很多遗憾。我们经常会发现：我们和那些起初看不惯的人，后来也成了好朋友，虽然开始我们觉得对方看上去既没有什么魅力，也找不到任何共同点，甚至还彼此有冲突，但是这些都是起初的误解和肤浅的偏见。既然如此，我们至少应该公平一点儿，公正地对待别人，而不要直接下结论说不喜欢他。一个善于交际的人，不会因为这种偏见，而轻易放弃与一个人的交谈。

不仅如此，善于交际的人，还常常会设身处地为他人着想。当有人对他们的想法持否定态度时，他们不会轻易排斥或抱怨对方，而是宽宏大量地去倾听，因为他们知道对方有不一样的想法，一定有其合理的地方。他们会试着站在对方的立场去思考问题，然后试着去理解对方，并衡量出事情的利弊与得失，甚至在必要的时候做出让步。

所以，与一个善于交际的人交往是件轻松愉悦的事情，即使是初次会面。因为他们总是处处为你着想，并借助极佳的交际能力，让你迅速融入一个社交场合中。而这也将让他拥有更多的朋友，凝聚各种朋友的力量，这将非常有利于他得到别人的支持和获得成功。

第四章 ——— 朋友是一笔巨大的人生财富

“我有一个朋友！”这比世界上任何事情更温馨更可贵！财富的多寡丝毫不会影响他们的忠诚。相反，在我们身处逆境时，更能体会到珍贵的友情。

想一想，如果拥有一批总是记挂着我们的、意气相投的朋友，如果他们时时刻刻为我们着想，始终甘心为我们奉献，这意味着什么呢？他们总在我们背后，默默地支持我们；他们总在我们有困难的时候，挺身而出。当我们受诽谤和中伤，他们总是站在我们这边，帮忙消除人们的偏见；当我们因为失误而犯错误，他们总是以耐心的劝说，设法让我们重新走上正轨，敦促我们积极向上！

如果没有朋友，我们之中将有多少人遭遇生活的不幸！当我们面对这世间的种种苦难与悲惨时，是他们给我们温馨的安慰和援助；当我们的名誉受到诋毁和伤害时，是他们替我们挡风遮雨！当我们生意萧条时，是他们为我们带来顾客和生意……朋友就是上天给我们的最佳恩惠！

当你看到一个朋友试图在默默地替自己掩饰各种弱点和伤疤，保护自己免遭各种苛刻无情的批评，同时却热情地宣传自己的各项美德时，你难道不会对他们心生敬意吗？这个世界上还有什么比拥有这样的朋友更美好的事情，还有什么能比他们的情谊更高尚的呢？

真正的朋友，在我们自暴自弃之时，他们也从不言放弃，而是始终如一地支持着我们！朋友的援助之手，或者一句富于同情心的友好的话语所带来的鼓舞，改变了多少人的人生啊！如果没有朋友，他们将丧失生活下去的勇气。在我们遭受别人的误会与谴责时，只有朋友能坚信我们的清白，并始终激励我们要尽力而为！朋友之间的信赖和忠诚是驱策我们奋进的永动机。

C.C. 克尔顿说过："真正的友谊就像健康一样，只有当你失去它时，才会明白它的价值。"所以，珍惜你拥有的友谊吧，不要等到失去了才懊悔。

选择益友，真心相交

"做个朋友遍天下的人"这句话没错，但是不能为了让自己朋友遍天下，便不分良莠，滥交朋友。择友时，务必慎重再慎重！因为朋友们的性格和名望将对你的一生产生显著的影响。多和那些强于自己的人交朋友。这些人并不一定比你富有，但在修养和完善自我方面一定有其过人之处。他们往往受过良好教育，学识渊博。如能和他们交上朋友，你将取长补短，大有获益。这种友谊能使你心中的理想得到升华，激励你奋发向上，出人头地。

如果你习惯与各方面都不如自己的人做朋友，他们将打消你的抱负，使你的理想磨灭，慢慢沦为泛泛之辈。我认识很多年轻人，他们也拥有一大帮朋友，但这些朋友并不能激发他们树立更崇高的理想。近朱者赤近墨者黑，最后，他们很容易和这样的人在一起走向堕落。

朋友和熟人对自己的人生有着强大的塑造力，甚至那些只是通过书信往来的远方的故知，都会对我们的个性产生无法抹去的影响。所以，不要毫无选择地交朋友，交友不慎将对我们祸害无穷，而交上一个良友，将使我们受益终生。

那么，怎样判断一个人是损友还是益友呢?

对于一个素昧平生的人，我们完全可以通过研究其身边的朋友而判断他的为人。他是否守信，是否奸诈，我们都能从他们身上略知一二。应当留心那些没有多少朋友的人。你会发现，他一定是有某种问题。如果他为人不错，便会拥有很多朋友。

选择了与一个人做朋友之后，我们便应该真心相待。交友前慎重是应该的，一旦成为朋友，便不应有猜疑和嫉妒。

塞涅卡曾经说过："面对真正的朋友，不应有任何保留。"获得真正的友谊是需要时间的，但当你做出决定，便意味着你们从此必须将心比心。友谊的真谛在于全心投入，将朋友看得重过自己，为了朋友不惜舍生取义。所以，在交友前请务必深思熟虑，三思而行。志同道合的人总是容易找到的，但是，能够生死与共的朋友却往往难以寻觅。也只有那些能够为朋友两肋插刀，为了友情情愿献出自己生命的人才能得到这样的生死之交。这是一次注定获得丰收的耕耘。那些整日只知蝇营狗苟地追名逐利之辈是无法得到真正的财富的。他就像一个播下谷种后满心只想着收割致富的农人。他不去给土壤施肥，因为他不能看到种子的收成。这与其说是一个关于我们如何与他人和谐共处的问题，不如说是我们应该为他人付出多少的问题。

此外，在对待朋友方面，我们不能对他们太过苛求和期望过高。曾经有个作家，这样说道："当你找到知心朋友时，请更多地理解他们。如果你一味强求他们，希望他们的所作所为完全符合自己的要求，最后可能适得其反，甚至失去一个好朋友。当我们想要求朋友时，我们应该先严格要求自己，与朋友互相鼓励、共勉共进。只有这样，友谊才能天长地久。"

真正的贫穷是没有朋友

在大多数美国人艰苦奋斗的生活之中，最悲哀的莫过于在对金钱的狂热追逐中对友情的残酷扼杀。对于真正意义上的友谊的形成，这种热火朝天、行色匆匆的现代化生活，没有任何积极意义。我们每个人的心中都充斥着过度膨胀的野心和欲望，无时无刻不想着如何去获得大量的资源与无数诱人的机遇。面对前方巨大的物质诱惑，人性中自私、残忍的一面暴露无遗，我们争先恐后地涌入这个致命的杀戮之地。友谊在我们的生活中已无立足之地。

我们根本没有时间去培养高尚的友谊，除了与那些能够帮助我们实现目标的人结为"利益同盟"之外。

而这样做的结果就是，我们只结交有权有势有钱有地位的"朋友"，因为只有他们才能对我们慷慨，给我们提供帮助。我们的大脑中生有硕大的"金钱腺"。在它不断生长扩张的过程中，我们逐渐丧失了自身无价的财富。我们已经将我们的友谊、才能、精力和时间——一切可能的东西都物化为金钱和商品。终于，在我们变得富裕的同时，却失去了太多的其他东西。成千上万的富人除了拥有他们自己的小生意圈之外，一无所有。他们的心智和脑力已无法继续向上发育，成为更高层次的人。在挣钱的本领上他们虽然一流，在其他方面却只能是二三流。他们拥有富裕的物质生活时，精神生活却一片贫瘠。虽说每天一大帮人在觥筹交错，看似朋友成群，事实上，其中能称得上真正意义上的“朋友”，又有多少？

一个人活在这个世界上，如果拥有大量财富，却缺少真正的朋友，内心始终孤独无依，那将多么令人悲哀和心寒啊？如果为了获得成功，我们背弃了朋友，牺牲了友谊，那么，这样的成功，还能称得上成功吗？我们认识的富人比比皆是，可是真正懂得友谊的可贵之处者，又有多少呢？

当我们荣华富贵、锦衣玉食的时候，这些朋友总是对我们“不离不弃”。可是，一旦我们变得潦倒和困窘，这些所谓的“朋友”便会无情地弃我们而去。这些建立在金钱关系上的友谊，只会让我们看到世态炎凉、体会人情冷暖，根本不可能给我们带来温暖和感动。

我认识这样一个人，他曾自以为拥有真正的友谊。可是，当有一天他突遭变故，变得一无所有时，昔日那些和他甚为友好亲密的“朋友”纷纷弃他而去。面对他们的无情，这个可怜的人是那么的哀伤和失望，以至于几乎丧失了理智。

所幸，一个曾经为他工作过的工程师依然忠实地守护着他，倾囊相助；他的两个老仆人也从银行取出自己所有的积蓄，他们让他拿着这笔钱从头来过。正是靠着真心朋友的帮助和支持，他重新站起来，不久便东山再起。

能够拥有几个关爱我们，为我们着想的真正的朋友，将是多么令人高兴和有趣的一件事情！西塞罗（Cicero，公元前 106 ~公元前 43 年，古罗马政治家、雄辩家、著作家）曾经说过：在人类从不朽的天神那儿获得的恩赐之中，没有任何一笔恩赐能够比友谊更美好、更令人可喜的了。但是，友谊无价，它不能用金钱买到，而是有赖于人们的用心培养。如果你因为忙于追逐名利而渐渐疏远了自己的朋友，那么多年之后，请不要一厢情愿地指望你们之间的友谊能够回到过去，重新开始。一分耕耘，一分收获。试问谁曾有过不经付出便得到贵重之物的经历呢?

华盛顿曾说过："真正的友谊，是一棵缓缓生长的植物，只有经受住无数次的风雨和灾难的打击之后，'友谊'才有资格被称之为友谊。"所以，不要吝啬你的时间和精力，用心去栽培你的友谊之树，那是这个世界上千金不换的东西。

只有那些甘愿为别人付出的人，才能得到真正的朋友。他们或许物质上并不富有，但是精神上却是富有的。比起那些物质丰裕、精神贫穷的人，他们的人生要有价值得多。

利益之交不可靠

永远不要相信那些将友谊视为交易的人。他们对友谊进行"投资"，只不过是为了有朝一日能够利用你。

有一种新的友谊正变得越来越流行，这就是"生意伙伴"。这种类型的友谊是建立在金钱之上的利益关系。而正是这样一种自私和利己的动机，让这种时髦的友谊类型充满着危机。它之所以危险，在于它常常借着生意和利益弄虚作假、混淆视听，我们很难辨别出真正的朋友。

我认识这样一个人，他不喜欢交朋友，更不愿意在友谊上面付出时间和精力。然而为了自己的生意，他努力地和自己的生意伙伴亲密接触、培养友情。他看起来对每个人都很友善。与他初次接触的任何一个人都会认为自己交到了一个真正的朋友。但事实上，他只不过是在这些初次见面的场合对那些可能日后能帮助自己的人大献殷勤而已。这种所谓“友情”的目的，只不过是在给自己的前途提供方便。

这种始终戴着一副利己的眼镜的人，实在可耻可恨。在纽约城这座大都市里，生活着很多这样的人，他们致力于将友谊变为一种交易，从中牟取私利。他们努力地提升自身的魅力，以便像磁石般能够快速而有力地将周围的人吸引到自己周围。很多不谙世事的人，很容易被他所吸引，天真地把他们当作好朋友甚至是人生知己。但事实上，这种人之所以不断地和他人建立友谊，只不过是因为这样的做法能够给他们带来回报，为他们带来名利和权位，带来更多的客户、顾客。他们自始至终都在编织着一张网。等到牺牲者发现这张网的那一刻，他才明白自己已经深陷其中，无法自拔了。这样的一种交友方式，是非常危险的，因为它将扼杀真正的友谊。

所以，一个珍视友谊、想拥有纯粹的友谊的人，应该尽量避免利益之交。既不要把别人当作自己向上攀爬的阶梯，在自己爬到目的地之后，便无情地将梯子踢倒，这很可耻；也不要被别人当成利用的对象，在实现他们自己的利益后，便扼杀友谊，这会让我们很受伤，何必呢?

将这个道理推而广之，珍视友谊的人还应当避免和朋友进行交易，特别是在向朋友借钱时更应如此。人性之中比较显著的一点便是：有些人几乎愿意为我们做任何事情，而我们也总是可以在不失去他们的信任和友谊之余，寻求他们的任何帮助，但是所有这些帮助中，唯独不包括借钱。因为虽然借钱时开口容易，但背后却隐含着彼此微妙的心理变化。有些人在借给别人钱之后，总不免对他们抱有一些鄙视的情感。这虽然并不适当，但现实如此。这些人几乎可以原谅别人的任何事情，唯独对他们在金钱和物质上的求助例外。我们也许得到了金钱或是物质上的帮助，但却为此付出了太大的代价：我们和朋友之间的关系由此变得疏远起来。

由此看来，不要让友谊跟现实的利益过多地沾边，尽量给友谊一个乌托邦，不求物质上的支持，不要利益上的交易，只作为一个感情的寄托、一种心灵的归属，给我们精神层面的理解、鼓励和帮助。

友谊是温暖心灵的阳光

不论你的成就多么巨大，也不管你是否见识广博，如果你不能与别人建立频繁而亲密的联系，如果你不能培养对他人有同情心和好奇心，如果你不曾与朋友同甘共苦、互相帮助，那么，你的生活将始终无依无靠、形单影只，而你的人生始终会在寒冷的冬天中度过。

我认识这样一个年轻人，他没有知心朋友，由于难以忍受寂寞，甚至想到过自杀！但是没有人对于他的孤立无援感到奇怪，因为他的品格是那么的为人所憎恶。他是一个吝啬、卑鄙、贪婪而又消极厌世的人，他一毛不拔，小肚鸡肠，却对别人总是心存偏见，总是喜欢批评别人。甚至当别人做了一点儿好事，他总禁不住质疑他人的动机，而不问自己为什么没有朋友。

很多人之所以不能和别人建立起真挚的友情，是因为他们身上缺乏那种能够吸引别人的高尚品德。如果你品质卑劣，就不要指望其他人会在乎你。

牢固的友谊是建立在合群、慷慨和真诚的基础之上的。最吸引人的，莫过于宽宏大量、宽厚仁慈和乐于助人。如果你总是冷酷而严峻、不能容人；如果你缺乏大度和诚恳之心；如果你心胸狭窄、固执己见、缺乏同情心而又卑鄙低劣，那么，请你不要指望那些拥有慷慨大度、宽宏大量的高尚品质之人会和你为伍。如果你希望结交一些有着崇高灵魂的朋友，你必须自己首先加强修养，成为一个宽容、慷慨之人。乐观向上和乐于助人的性格以及传播欢乐和愉快的心情都能促进友谊的深入发展。

当你开始提高自我修养，培养可贵的品质，为增加吸引力做出努力时，你会惊奇地发现，有无数新朋友络绎不绝地靠近你。

对于追求最高尚的友谊的人而言，一个朋友是否对真理孜孜以求，是否有正义感，绝对是至关重要的。对于正义和真理，我们总是肃然起敬，因为这是我们天性的一部分。即使公平和正义可能刺伤我们，让我们痛苦不堪，但是一个公平和正义的朋友，还是会备受我们的尊重。那种经不起正义和公平的考验，在真理和事实面前趋于萎缩的友情，是不会像那种真正的友谊一样拥有令人赞叹的价值的。

一个人的成就究竟有多大，不是以他拥有的财富来衡量的，而是以友谊的数目和质量来衡量的。不论他积聚了多少财富，如果他结交的朋友寥寥无几，那么他一定在品德的某一方面存在巨大的缺陷。我们应该教育孩子，世界上最神圣的莫过于拥有一个真正的朋友。应该训练他们从小培养结交朋友的能力。没有其他事物能够像这种训练一样，开阔他们的胸襟，磨炼他们的品性，使他们的人生变得更加丰富和精彩。

第五章 ——— 自我教育——阅读

耶鲁大学校长哈德利曾经说过："在现实生活中的各个阶层的人，经商的人、运输业的人，或者制造业的人，告诉过我说他们真正想从学校得到的是——能够拥有挑选书本的能力，从而有效地使用书本。而这种知识的获取首先最好是在任何房间里都提供一些优秀的书本。"

聪明的学生从学校生涯里收获最多的，就是识别各种知识类别的图书。从图书馆中挑选出那些对生活最有帮助的书本，这是一种很有价值的能力。这就如同一个人挑选工具去获取知识一样。

我们读书应该有选择性。有些书值得读，且应该精读、认真地读；有些书则不读也罢，甚至不应该读。区别对待，这是一种明智的做法，因为并不是所有的书都是有益的。我们应培养阅读品位，有选择性地读书，远离有害图书。

我们的时间很宝贵，要用来多多阅读那些能催促人们进行自我反思的书，以及能让你变得更自信，也更信赖他人的书。当你阅读这些具有建设性意义的书本时，它们就是建设者。不过你要避免把它们的思想拆散。

总之，读那些不思进取的书，是有百害而无一利的。要阅读那些有益身心的好书和让自己积极向上的好书，让自己成为更优秀的人，为社会贡献自己的力量。

在家庭中营造良好的读书氛围

家庭是个人获得人生中启蒙教育的地方。在这里，我们养成习惯，并且会一直影响着我们的职业生涯，乃至我们的一生。在家庭环境下进行的有规律地、持续不断地智力培训，可以影响到一个孩子的一生。

但是，有的家庭，因为家中某个家庭成员的影响，整个家庭的习惯便会被彻底改变。他们把大量宝贵的时间，浪费在打牌、开玩笑、看肥皂剧等等无关紧要的事情上，却忽视了阅读或学习。

很多拥有雄心壮志的孩子们，他们曾渴望通过读书或学习来提高自己，然而，由于受不好的家庭环境的影响，他们提高自我素养的途径被阻断。在家里时，家人从不付出任何努力去完善自我，不去树立更高的理想，都把晚上的时间用来说话逗乐。家人偶尔翻翻书本，也只限于惊险小说，没有谁去阅读那些有益的书。这些家庭的孩子们，即使他们拥有远大抱负，但是作为家庭中唯一有理想的成员，他们很孤立，甚至总是遭到他人的取笑和嘲笑。最终他们只得放弃。

相反，如果一个家庭能建立起自我学习的习惯，那将是非常令人欣喜的事情。这对于这个家庭的每个成员来说，都是相当幸运的。因为他们不仅能在家中找到志同道合者，可以彼此交流和分享，而且他们的阅读和学习时光也会轻松快乐，和平时玩游戏一样。

奥利弗·温德尔·霍姆斯用“沉溺于图书馆中”来形容自己童年时代经常做的事情。亨利克雷说他母亲用在浴池工作挣得的钱供他买书。如果能给孩子提供诸如字典、百科全书、历史类和工作实务类书籍，以及其他各种有价值的书籍，那么他们会不知不觉地接受教育——这并不需要付出很高的代价，并且还可以让他们学到与自身年龄相符的很多知识。当然，也可以让孩子在学校、研究所或者学院学习，不过那需要花费相当于这些书本价格数倍的金钱。

除此之外，如果家中收藏好的书籍，那么整个房间都会因此而生辉，对孩子们产生吸引力，他们愿意待在这个令人愉快的地方；而那些被忽视了教育的孩子却急着逃出家门，随波逐流，落入各式各样的陷阱和危险之中。把孩子引入到书籍的氛围中去是很好的，让他们经常地使用书本、触摸书本，让他们熟悉书籍的封面和标题。一个聪明的孩子能够从好的书本里面汲取非常多的养分，这是多么让父母开心的事情。

所以，为了孩子的成长，也为了自己的提升，创造一个良好的家庭读书氛围，陪孩子一起享受阅读的乐趣。

书籍让人摆脱无知和野蛮

作为学校教育的替代方式，家庭教育具有前所未有的实惠和便利，值得一试。各个领域的知识都以最富于吸引力和最有趣的方式呈现于我们前面。今天，我们可以在成千上万的美国人的家里找到世界一流的文学作品，而半个世纪之前，它们还只能为富人阶层所拥有。

令人非常遗憾的是，当美国人应该完全摆脱无知时，他们却不懂得珍惜如此优越的环境，没有抓住时机去接受教育和完善自我。的确，在当今世界，绝大部分的优秀作品都会以短小的形式发表在时髦的期刊、杂志上。最伟大的作家将大量的时间花在旅行和调查的单调工作上，花在对文章素材的收集上。杂志出版商们花费了数千英镑，而读者却只用几美分就能买到。这些作品是伟大的作家数月甚至数年的辛勤工作和调查研究的结晶，而读者们却对它们不屑地付之一笑。

曾经有个纽约的百万富翁——一位商界名流，带我去参观他位于第五大道的豪宅。在那套富丽堂皇的大宅子里，每间房都是建筑师、装潢师和家具商倾力打造的艺术杰作。他告诉我，单单卧室的装修就花去上万美元。墙上的油画更是价格不菲。房间内摆设着一件件昂贵的大型家具，奢华的装饰布料显示出主人的财大气粗。当你在房间内地毯上行走时，感觉自己仿佛在亵渎一件圣物一般。他用财富来满足自己对舒适、奢侈和虚荣的欲望，但是他的家里却几乎没有一本书。试想，如果一个孩子在这样一种家庭环境下成长，只会过分沉迷于优越的物质生活，而精神却极度匮乏——这将是多么可悲的情形！他告诉我：他年少时家境贫寒，为了生存下去，他把身上所有值钱的东西包进一条红色手帕，只身去城市打拼。他说："我是一个百万富翁，但是我想告诉你，我宁可用今天所取得的一半家产去换取一份合格的教育。"

在这个世界上有一种财富，最贫困的技工和劳工能够轻松拥有，而古代的国王却不能取得的——那就是博学、睿智和有修养的心灵。在这个到处都是报纸和便宜的书本杂志的时代，我们没有任何借口让自己的心灵仍然处于一种无知、粗鲁的原始状态。

玛丽·沃特尼·蒙塔古夫人说过："没有什么消遣比阅读更便宜，并且也没有它持续的时间长。"好书能够提升人的品位，净化人的心灵，把人的注意力从低俗趣味当中指引出来，提升到一个更高的思考和生活的平面上。

约翰·拉伯克先生曾说：“英国人把本该花在书本上的时间和精力花在了监狱和警察上。”

这就像是一个奇迹：家境贫穷者反而和最伟大的哲学家、科学家、政治家、军事家、作家们相交——他甚至不需要花费什么；身居陋室的平民也能通过阅读了解整个国家的过去和现在，体会到自由和浪漫，以及人类进步的点点滴滴。

卡莱尔曾说：“唯有汇聚书籍方能成就大学。”遗憾的是，数以千计的男女老少，虽然胸怀大志，精力充沛，却不幸错过了接受学校教育的机会。由于教育的缺失，他们总是觉得自己低人一等，好像身患残疾一样。他们没有体会到这种缺失的意义，也没有那些改变自身命运之人身上的强烈求知欲——倘若因为种种原因，你无法接受学校教育，这并不是多大的不幸——你仍然可以通过阅读来弥补这一遗憾！

在求职时，你是否遇到过一位受过良好教育的、目光敏锐的雇主呢？你没有必要费神去告诉他你读过哪些书，因为他们往往更关注你的表情和口才。在面试的宝贵时间里，如果你言语笨拙，词不达意，雇主立刻会知道：你对他没有价值，因为你不能合理安排有限的时间。他也知道，数以千计的年轻男女，每天都在为工作和职责而忙碌，但是他们借助有效而系统的阅读计划，也能挤出时间来思考世界的变化。

切尔西的塞奇曾经说过：“从古到今，在人们创造的事物之中，书籍是最重要、最奇妙、最有价值的了。那些用黑色墨水将事情记载在拙劣的小片纸张上的形式，从每日的报纸到神圣的希伯来经书，它们无所不能。”

怎样在书中找到指定的要点是很实用的技能——从金融学的观点

来看，这种技能价值极高。从形式上想要掌握这种技能，我们首先应深入了解书籍，然后与之建立友谊。

詹姆斯·弗里曼·克拉克说过：“当我在思考这样一个问题时——书本为世界贡献了什么，它们正在改变着什么，它们是如何使我们保持希望，如何唤起我们的勇气和信念，减轻我们的伤痛的；它们让那些家境贫寒的人们重新有了梦想，将遥远的古代和世界各国连接在一起，书籍创造了一个美丽的新世界，它们从天堂带来真理——我会给这份礼物以永恒的祝福。”

挤出时间，坚持阅读

对于自己喜爱的事物，我们大部分人都会想方设法地挤出时间。如果一个人想要完善自我；如果一个人渴求获得知识；如果一个人享受着阅读所带来的快乐，那么他就能找到各种机会。

只要有赚钱的意愿，你就会拥有财富；只要拥有雄心壮志，你就能挤出时间。

我们不仅需要做出决定，而且要坚决行动，将那些无关紧要的、仅仅只是享乐安逸的事情先搁起来，转身去追求更重要的、有益于我们自身发展的事情。生活充满诱惑，如果你贪图一时的安逸，把时间浪费在闲谈或琐碎的会谈中，却将花在阅读上的时间一减再减，一推再推，那么可能会牺牲美好的明天。相反，有一些人，他们合理地计划时间，在做好本职工作之余，坚持挤出时间来阅读学习，他们有朝一日会成就大事。对此，历史就是一个明证，看看那些曾在人类历史长河中留下深刻烙印的伟人们，他们都懂得时间的珍贵，都善于分配时间，将时间更多地用在有益的阅读和自我提升上面。

即使在最忙的时候，生活中仍然有大量时间被浪费掉。但如果做出合理分配，这些被浪费的时间就能发挥出很高的价值。

很多家庭妇女每天从早忙到晚，她们想当然地认为自己没有时间去阅读书籍、杂志或者报纸，但是有种观点很惊奇地表明：只要能更好地完成本职工作，她们就可以腾出很长的时间，将事情按轻重缓急排出顺序可以极大地节省时间。我们当然能够去安排自己的生活计划，让自己有一定的时间来进行自学和提高我们的生活质量。我们并不需要等到其他所有事情都完成之后，才来考虑学习这件事。

所以，从现在开始，挤出生活中、工作中的零碎时间，将它们有效利用起来。当你想感受一种令人愉快的消遣方式，去培养一种新的乐趣时，你将体验一种从来不曾经历过的感觉，它可以通过阅读优秀的期刊来获得，但是每天都要有规律地阅读。不要一开始就试图阅读过多，那样会使自己很快地疲惫。每次只阅读数页即可，但是一定要每天坚持。如果你确定自己很快就能享受阅读的乐趣——养成阅读习惯，它就会迅速给你带来极大的满足感和真正的乐趣。

勤于思考，把知识转化为自身的力量

书本里的知识绝不仅仅局限于文字表面。通过阅读时的思考，你可以从字里行间得到某种启发。这才是其真正的价值所在。如果你能联系自身的生活，认真思考书中的内容，你干枯的心灵便能从作者的思想里汲取养分，就如同从炙热的土壤中吸收水分一样。此时你身体的潜力会像土壤中的微生物或种子一样，能够萌芽并产生新的生命。

但是，假如你并不是真的想要读书，假如你的阅读动机并不是对知识的渴求和对广阔深奥的文明的渴望，那么你永远不可能从书中得到很多收获。

很多人都对读书有这样一种看法：如果他们永远都保持阅读的习惯——只要一有空闲就去看书，那么他们一定受过良好的教育，拥有丰富的知识和深刻的见解。这其实是个误解。就如同指望多吃饭就能成为运动员一样，这是不靠谱的。假如只是一味地阅读，填鸭式地吸收，而不能通过思考转化为自己的知识，那么阅读只是一种消遣，未必对生活有多大意义。

在我看来，最愚笨的傻瓜，正是那些只知一天到晚死读书，却思想僵化，从来不去思考的人。即便有片刻的悠闲时间，他们也会马上拿出一本书来读。换句话说，他们在不停地“进食”知识，却食而不化，没有能力将其消化或吸收。

我认识的一个年轻人便养成了这样的阅读习惯。他每天书本、杂志或者报纸几乎从不离手。他总是在阅读，在家里，在汽车里，在火车站。他对知识有着极度的感情。虽然他这样也获得了很多知识，但是由于受这种填鸭式方法的影响很久，他的思维能力好像有所减弱。

每个读者都应该把密尔顿的话谨记于脑海中：

“对于那些坚持阅读的人而言，阅读并不会给他们带来更高层次的精神和判断，不确定性和未决定性仍然存在：书籍具有深刻的内涵，而读者却往往是浅薄的；书本中各类或纯朴或迷人的琐事，就如同孩子们在海滩上拾到的漂亮的鹅卵石一样，值得我们去提取精华。”

思考比阅读更有必要。每次阅读后进行思考，就好像食物的消化和吸收过程一样，能够源源不断地为大脑输送力量。如果你像麦考利、喀莱尔、林肯一样博览群书，又善于思考，那么，通过阅读你将受益匪浅。

约翰·洛克说过：“阅读只能给我们提供知识，而思考则能把知识化为己有、为己所用。”

任何一个读者若想从书中汲取更多的知识，首先就必须学会思考。仅掌握书本知识是远远不够的，因为这还不能让我们的心灵获得力量。

我们吃下的食物，如果在没有被完全消化和吸收并化为血液中的营养物质前，没有转化为大脑或其他组织的一部分之前，是不会产生能量或形成细胞组织的。同样道理，如果我们的头脑中装满的只是那些毫无实用价值的知识，就会像一个房间里堆满家具和古董一样，只会让房间变得杂乱无章和拥挤不堪，丝毫没有价值。只有在大脑消化和吸收了所学的知识，并将其转化为思想的一部分之后，知识才会转变为力量。

如果你想成为一个智者，那么请养成良好的习惯：在全神贯注地阅读书本的同时，应该经常合上书本坐下来思考，或者站起来边走边思索。不论哪种方式都好，但一定要开动脑筋——沉思，斟酌，反复地琢磨，不断地回想书中的内容，并联系实际试着去解决生活中遇到的一些困惑和疑问。

知识只有被吸收到头脑里，然后运用到日常生活当中，之后，才能真正成为你自己的知识。当你第一次阅读时，它只是属于作者的。只有当它和你融为一体时，它才会是你的。

用书籍唤醒心中的力量

格雷戈里曾经说过：“你不会在藏书室发现‘年轻的生命之泉’和‘永恒的青春’，而是在自己身上，在自尊心和责任心的觉悟下，发现生命欣欣向荣和枝繁叶茂的力量。”

书本最大的优点并非我们所记住的内容，而是它们的启发以及培养品格的力量。

“阅读一本好书是很重要的一件事，因为依靠书籍，我们唤醒了心中的力量，反抗岁月带来的颓废，从而让生活更加美好。”

人与人之间的差别，通常在于他们对事物的感悟，在于他们内心的力量，而并不在于他们所拥有的能力、所受教育和掌握的知识。仅仅拥有知识并不意味着拥有力量。因为在知识还没有成为你自身的一部分之前，它并不具有力量。它并不能在紧急情况下变成一条绳索，对你起到救助的作用。

一个人在成长过程中必须自觉接受教育、坚持阅读，并联系实践，将所学的一切知识转化为能力。只有这样，才能有助于我们的生活和人生，有实践意义的知识比那些书本上的理论要来得更有价值。

对于这点，几乎没有人能比格莱斯顿有更好地理解。他是一个多才多艺的博学之人，其生活一直往返于书本和现实当中。他知道哪些书能对一个人起作用，以及一个爱阅读的思考者应该做些什么。凭借着他广泛的阅读和深刻地思考，他唤醒了内心强大的力量，也超越了许多同辈的人。在他的职业生涯中，他曾经晋升为上议院议员，接触到了政治的顶端，并且还在向上发展。

正是书籍唤醒了他内心潜藏的无限力量，让他的人生一往无前。那么，或许有人会说，是不是只要做足够多的阅读，就能开发出自身的无限潜能。事实上，并不是这么简单。走马观花式的阅读，即使阅读很多书籍，对于我们的心智的发展和潜力的开发，也没有多大的作用。相反，如果能深入地阅读几本好书，并能从中受到启发，则能够开发出自身的强大力量。

这里有一个例子可以说明这个问题。韦伯斯特还是一个男孩的时候，书籍还是非常稀有的物品，非常珍贵，他从来不敢奢望能有机会博览群书——哪怕只是将那些好书读上一次。但是，凡是他所读过的书，其中的思想都被他牢牢地留在了记忆中，或者是反复阅读，直到它们成为他生活的一部分，最后变成他实现人生理想、取得成功的力量储备。

所以，读书时不要囫囵吞枣，要全神贯注地投入其中，带着自己的思考去阅读，在阅读中联系自己的生活，慢慢品味和吸收。只有这样，才能在阅读的过程中，不断地去启发心智，唤醒内心无穷的力量。

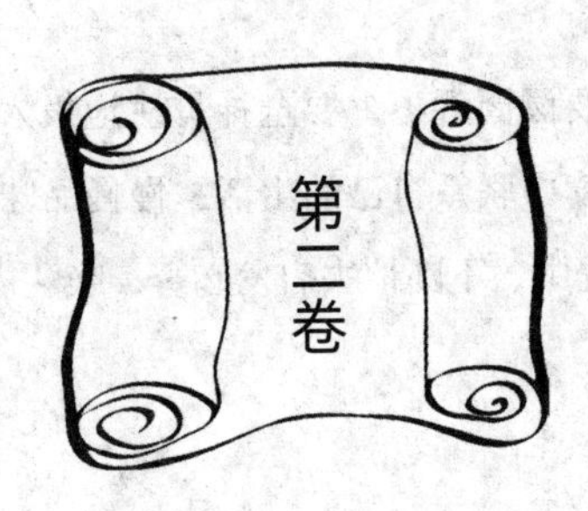

思考致富

[美] 拿破仑·希尔 著

第一章 ——— 知识具有吸引财富的力量

个人的经验或见解，此乃思考致富的第一步

知识可分为两类：一类是一般知识，另一类是专业知识。

一般的普通知识尽管种类丰富、内涵广博，但对个人财富的增长起不了多大作用。就拿著名学府里各科系的教授们来说，他们基本上掌握了人类发展史上纷繁复杂的各种普通知识，但他们并没有因此获得多少财富。那是因为他们专长于知识的传授解惑，而不是专门思考如何组织和运用知识。

只有将知识组织起来，并通过切实可行的行动计划，巧妙地向积累财富的目的迈进，知识才具有吸引财富的力量。人们常常误解“知识就是力量”这句经典名言，正是因为没有意识到上述道理。知识，仅仅是潜在力量，需要人们对其加以组织利用，并在实践过程中贯穿明确的目标和行动计划，它才能成为真正的力量。

教育机构的一个缺陷是，它传授给学生知识，却不能成功地教会学生如何组织和运用知识，发挥知识的力量。这也是所有教育制度的弊病。

说起亨利·福特，大多数人会惯常地认为他是个没受过多少“教育”的人，因为他接受正规“学校教育”的时间很短。其实这是一种错误的观点，原因在于大家不能深谙“教育”一词的真正含义。“教育”这个词起源于拉丁文“educo”，意思是由内向外的培育和发展。

因此，一个受过教育的人，不一定就是拥有丰富的常识或专业知识的人。但一个受过教育的人，一定是一个思想心智得到了充分发展的人，他能设法获得自己想要的任何东西而不损害他人权益。

“无知者”也可以成为百万富翁

一战期间，亨利·福特在一份芝加哥报纸的社论篇中被称作“无知的和平主义者”。福特先生当然不赞成这种说法，控告该报纸诽谤他。法庭审判案件时，报社律师在辩护中让福特本人走上了证人席，借此向陪审团说明福特的无知。律师用一系列问题刁难福特，就是为了证明即使福特拥有相当多关于汽车制造的专业知识，但就整体而言，他仍然是无知的。

律师向福特提出了几个刁难的问题：

“本尼迪科特·阿诺德是谁？”

“1776年，英国为了平定叛乱而出兵美洲，派出军队的具体人数是多少？”

福特在回答后一个问题时说道："我不清楚英国具体出兵的数字，但我了解到派出的数目远大于回去的士兵的数目。"

随后，一连串类似的问题把福特惹烦了。当被问到一个非常无礼的问题时，福特倾身向前直指着提问的律师说道："如果我真想回答你刚刚提出的这个愚蠢问题，以及刚才你的一系列问题，我可以告诉你，只需按下我办公桌上的一排按钮中的任何一个，就会有相关助理人员立即出现在我面前。只要我需要，他们可以替我回答所有有关我事业的问题。现在，能否请你告诉我，当我身边随时有人能为我提供所需的任何知识时，我为何要在脑子里塞满一堆普通知识，专门用来回答你这种问题呢？"这是一个十分精彩的妙答，严密的思辨逻辑让人赞叹。

律师顿时哑口无言。法庭上的所有人一致认为：能给出这样对答的人，绝非一个无知之辈，反而是位有识之士。真正有学问的人知道如何在所需之时获得知识，也知道如何把知识组织起来，形成明确的行动计划。亨利·福特拥有他的智囊团，凭此他也拥有了他所需的任何专业知识，进而成为美国最富有的人之一。至于他自身没有掌握这些知识，此时也无关大碍。

你能得到自己需要的任何知识

只有当你准备好某种服务、商品或职业等方面的专业知识，你才能确信自己有能力将欲望转化为物质，才能借以积累财富。有可能你所需要的专业知识，其宽泛度和复杂度都远远超出了你的能力或意向。在这种情况下，你可以通过组建自己的"智囊团"，用以弥补自身的不足。

想要积累大笔财富的人，离不开对专业知识的充分组织与合理运用，但是致力于积累财富的人，不一定要自身拥有这些知识。

有些人本身并未受过必要的“学校教育”，根本无法提供自身所需的所有专业知识，但他们却有别人没有的发财致富的宏图壮志。对这些人来说，上面这段文字可以给他们希望和鼓舞。因为觉得自身没受过“教育”而自卑的人不在少数。其实，如果一个人懂得组织和领导一个掌握了致富所需的丰富专业知识的“智囊团”，那么他本人就和这个群体中的任何一个成员一样有知识。

专业知识其实是一种可获得的最丰富、最廉价的服务形式！

如果不相信，不妨查阅一下任何一所大学教授们的工资单。

获取知识有哪些途径

首先，要明确你所需的专业知识以及需要这些知识的目的。在很大程度上，你人生的梦想，你努力的目标，都是帮助你界定所需知识的标准。解决完这个问题之后，第二步是准确了解掌握各种知识的途径有哪些。其中最主要的来源有：

第一，自身的经验和教育。

第二，从与他人合作共事中汲取的经验和智慧。

第三，高等院校。

第四，公共图书馆（以书刊为载体的系统知识学习）。

第五，专业培训课程（例如，夜校和函授方式）。

获得知识后，下一步工作是组建和运用知识，通过制订一个切实可行的计划，使这些知识为你的伟大目标发挥出最大的力量。如果你单为获取知识而获取知识，那么知识本身并不具备价值，它只有在目标实现中才能体现出价值。

倘若你希望接受进一步的教育学习，那么，你首先要明确自己为什么要获取知识，即获取知识的目的，然后去思考有哪些获取知识的可靠途径。

所有领域的成功人士毕生都在马不停蹄地努力获取所需的各种知识，用来服务于他们的人生目标、业务发展或专业需要。那些失败者总是错误地以为对知识的追求止步于离开学校。其实，学校教育只是为未来获取实用知识铺垫了道路而已。

哥伦比亚大学就业中心前任主任罗伯特·P莫尔在一则新闻报道中强调：专业化是今天社会发展的大势所趋。

做专才比死读书更重要

用人单位尤其偏爱在特定领域具有专业才能的人才，比如受过会计学和统计学培训的商学院毕业生、各类工程师、新闻记者、建筑师、化学家，以及优秀的领导者和具有公关交际能力的高级人才。

相比读死书的规矩学生，那些积极参加学校活动、为人随和、交友广泛、学业进取的学生有着绝对的比较优势。

他们的能力得到了全面锻炼，所以很可能他们中有些人已经得到了几个职位选择，有的甚至多达6个职位选择。

一家大型实业公司的领导者在给莫尔先生的信中，谈及了未来大学毕业生人才的话题。他说：我们的最大兴趣是寻找那些在管理上有突出能力的人才。因此，我们看重的是个性、智力和人格素质，而不是特定的教育背景。

建议设立“实习制度”

莫尔先生建议设立一种“实习制度”，让学生在暑假到办公室、商店和各行各业进行实习。他认为，通过两到三年的大学教育学习，应该要求每个学生选择一门面向未来的课程，防止学生满足于在非专业课程的学习中放任自流。

他说：“高等院校必须面对这样一个事实，即各行各业现在需要的都是专门人才。”他认为现行的教育机构应该承担主要的职业指导与选择责任，这些责任的落实应该得到监督。

对那些需要补充学校专业教育的人来说，最可靠、最可行的求知途径是夜校学习班，这在很多城市中都有设立。而函授这种学习方式，在全美只要是邮件能够送达的地方，都设有函授学校，它能提供覆盖面极广的函授课程教学与培训。函授学习的一大优势是它的灵活性，学生可以利用自己的业余时间进行学习。如果函授学校进行精心安排的话，它的另一个优势是学校能大力提供咨询便利，这对那些需要专门知识的学生有着十分重要的意义。

只有付出代价后，才能懂得珍惜

任何不经过努力、不付出代价而得到的东西，都不能给人带来成就感。因此，也往往很难得到珍惜。也许正因为如此，我们才在公立学校的大好条件和机会中收获甚微。在通过函授学校学习特定专业课程的时候，一个人可以得到自律，在某种程度上弥补在免费获得知识的时候浪费的机会。函授学校是组织有序的商业机构，学费低廉。因此，也不得不要求学生及时缴费。

在缴费代价的作用下，学生不论成绩优劣，都会读完全部课程，若是没有这些付出的激励，有些学生可能会中途辍学。不过函授学校从来无须过度强调这一点，因为它们的收费部门在决策、速度和善始善终的习惯上，为学生做出了最好的培训典范。

我是从45年前自己的经历中获知了这种效益。当时，我申请了一项在家学习的广告函授课程。大约是经历了8～10次课后，我冒出了中止学习的念头。但学校还是不断地给我寄来了账单。他们不管你是否要继续，都会坚持催你缴费。

我仔细盘算了一下，既然无法避免缴纳学费，从法律的角度上说的确如此，那我就应该完成这份学业，如此才对得起我花的钱。当时我有一个很深刻的感受就是，学校的这种收款制度未免太严密了。但我在以后的生活中逐渐认识到，那才是我免费享受的最有价值的培训部分。

因为必须缴费，我坚持学习完了整个课程。由于我不情愿地接受了广告课程的培训，后来我在生活中发现，那个函授学校的高效收款制度如果用钱这种形式来衡量，那么它的价值是不可估量的。

走向专业知识之路

就全世界的公立学校制度而言，据说美国的最为先进和完善。但是人类有个奇怪的弊病，那就是他们只珍惜那些需要付出代价后才能得到的东西。

美国的免费学校和免费图书馆并没有很高的人气和利用率，就因为它们是免费的。这也是许多人毕业工作后认为有必要接受再培训的主要原因。这也是许多雇主重视有函授学习经验的雇员的主要原因。经验告诉他们，任何一个愿意牺牲业余时间而在家学习的人，他的身上通常具备做领导者所必需的某些素质。

不想补给知识的人有一个弱点，那就是不思进取这个通病！而挤出闲暇时间用来自修的人，尤其是那些领取固定薪水的人，很少会满足于久居低层职位。他们用行动为自己开辟了一条晋升之路，清除了前进道路上的障碍，赢得了有权给予他们机会的人的青睐。

函授自修学习的方式尤其适合已工作者。因为离开学校后，他们发现必须补充专业知识，但又无暇重回学校学习。

斯图亚特·奥斯汀·威尔原来的专业是建筑工程，他也一直从事这个行当。但是经济大萧条时代的来临，很大程度地限制了市场机会，他也难以获得自己所需的收入。他分析了自身条件，决定改行从事法律工作。他重新回到学校，学习法律专业的相关课程，培养自己成为一名企业律师的资格。他结束专业学习后，通过了律师资格考试，后来建立了一个收入颇丰的律师事务所。

也许有人会说“我无法回到学校继续学习，因为我要养家糊口”，或者“我年龄太大了”之类。那么我可以告诉你，当威尔先生重回学校时，已经过了不惑之年，他也要养家糊口。

简单的主意也能带来财富

让我们分析一个具体实例。

一个杂货铺的售货员突然失去了工作。由于有些记账经验，他进一步学习会计方面的专业知识，接着开始经营起自己的生意。从他以前为之工作的杂货铺开始，随后相继与100多位小商人签订合同，每月给他们提供记账服务，收取较低费用。他很快体会到了这个创意的实用性，他接着发现需要在轻型货车上开设一间流动办公室，然后他在这间办公室里装配了现代记账设备。而他现在组建了一个“车轮”上的办公队伍，雇用了大量助手，努力让那些小商人用最少的钱获得最佳的记账服务。

这单略显独特的成功生意，是专业知识和想象力共同作用的结果。就在去年，光这位生意人所缴纳的所得税，就是当年被解雇时薪酬的10倍。

这个成功的企业，其起点就是一个构想！

由于我有幸给这位失业的售货员提供了那个构想，现在我想，如果我有幸再提出一个构想，那么创造更大的收入也未必是空想。

当那位售货员听到我为解决他的失业问题所提出的计划时，他脱口而出：“我觉得这个主意不错，但我不知道该如何去实践它，使其成真。”

换言之，有了这个构想后，他苦于不知如何推销自己的记账知识。这样，又产生了另一个必须解决的问题。在一位打字姑娘的帮助下，他的构想得到了较为专业的整理，做出了一本引人注目的手册，介绍了新记账系统的优点。所有的系统内容都清晰整齐地名列其中，贴在一个普通的剪贴簿内。它就像一个无声的促销员，有效地向潜在客户介绍了这项新业务的内容。事实上是，没过多久，这位簿记员赢得了应接不暇的记账业务。

寻找理想工作的真经

在这个世界上有成千上万人需要推销专家的服务，这些专家在帮助你推销个人服务时，能为你提供一份很有吸引力的宣传手册。

下面要介绍的构想源自一个紧急需要，但它最终并未停留在只为一个人服务上。该构想的女主人具有非常敏锐的想象力。她设想能为成千上万有需要的人提供个人服务的营销指导，而这个需求足以产生一个新行业构想。

由于第一个“推销个人服务准备计划”取得了立竿见影的效果，这位精力充沛的女人受到了激励。于是，她转而开始为自己的儿子解决相同的问题。她的儿子刚刚大学毕业，但因为不知道如何有效地推销自己的服务而未谋得工作。她为儿子设计的求职计划，是我见过的所有个人推销服务计划案例里最为出色的范例。

这本计划手册完成后，涵盖了50页精美印刷的资料内容，并且逻辑组织很合理。该计划手册介绍了她儿子的天赋才能、教育程度、个人经历以及各种数不胜数的其他信息。这份计划手册中还全面介绍了她儿子渴望得到的职位，并用漂亮的文笔勾画出为胜任这一职位所拟定的工作计划和打算。完成这本手册耗费了数周的时间。在此期间，她几乎每天都让儿子到公共图书馆，查询能让自己的服务实现最大价值的资料。她还让儿子到未来雇主的竞争对手那里，收集有关他们经营方式的重要资料，这对于拟定他所渴望职位的工作计划很有价值。在工作计划之后，手册里还陈列了7—8项符合未来雇主目标和利益的绝佳建议。

不一定要从最底层做起

有人可能会问:“找工作为什么要这么麻烦?”

答案是:要把一件事情做好就不能怕麻烦!那位女士为了儿子的利益所做的计划,帮他在第一次面试时,按照他既定的薪水找到了理想的工作。

此外,还有一点非常重要:这个职位并不要求他从最底层开始做起。一开始,他就担任初级主管之职,领主管级薪水。

“为什么能够如此?”

一个很重要的原因便是,这个年轻人所采用的精心策划的求职手段,为他节约了至少 10 年的时间。如果他真要“从最底层开始做起”,恐怕还真需要 10 年的时间来抵达他现在获得的初始位置,而这一升迁还需要依赖运气。

从最底层开始做起,然后慢慢往上爬的想法,听起来似乎很有道理。我们不赞成这种理念,是因为太多的人都是从最底层做起,很难争得崭露头角的机会,所以绝大部分人还是工作在底层。另外,长期以底层的立场看待问题,往往让人灰心丧气、暗淡失意,时间久了会磨掉一个人的抱负和锐气。

这种我们称作“听天由命”的情形,就是认命。我们会习惯于每日琐事,渐渐忘却了想要摆脱和抛弃的愿望。这就是有必要跨越底层一两个级别来起步的另一个原因。这样做,我们会习惯于关注周边环境和事物,观察他人如何获得进步,从而在发现机会的时候能够毫不犹豫地抓住它。

化不满为动力

丹·贺尔宾的经历就是上述思想一个最好的例证。他上大学的时候，就已经是著名的圣母队的经理。该球队曾于1930年获得全国橄榄球队的冠军，而当时指挥球队的是已故的纽特·洛克尼。贺尔宾大学毕业时正逢经济大萧条，市场很不景气，找工作变得尤为艰难。因此，在投资银行业和电影业虚度了一段时光后，他找到了第一个看似有前途的工作：推销电子助听器，从中赚取佣金。贺尔宾知道，谁都可以从事这种性质的工作。但对他来说，这份工作可以为他打开机会的大门。

将近两年，他一直干着一份自己并不喜欢的工作，如果他对这种不满不采取任何措施的话，那么他永远也不会超越那份工作。他是如何做的呢？首先，他瞄准了公司销售经理助理的职位，并且成功地谋求到了这一职位。登上那个平台后，他比一般人更有优势，因而能够发现更大的机会。而且，这个职位也让机遇降临到了他身上。

贺尔宾在销售助听器的业务上创造了辉煌的纪录，致使他所在公司的对手，Dictograph公司的董事长安德鲁斯对贺尔宾这个年轻人——这个从历史悠久的Dictograph公司抢走大笔业务的人很感兴趣。他约见了贺尔宾，经过会谈后，贺尔宾跳槽到该公司任助听器部门的销售经理。然后，为了考验贺尔宾的能力，安德鲁斯特意离开公司到佛罗里达待了3个月，任贺尔宾在新工作中沉浮摸索。但贺尔宾没有沉没！纽特·洛克尼那种不服输的精神激励他全力以赴地投入到工作中，所以后来他理所当然地被推选为公司副总裁。这个职位是多数人不辞辛苦地工作10年才可能赢得的荣耀，而贺尔宾仅用了6个月的时间就实现了这个目标。

通过这个故事，我想强调的重点是，不论一个人是升至高位，还是屈居低位，其实都是自身控制环境的能力决定的，只要他愿意控制的话。

你的同事是宝贵资源

我还要强调另一点，成功或失败，很大程度上都是“习惯”的发展结果。我相信，丹·贺尔宾和美国历史上最伟大的橄榄球教练之间的密切关系，在他心中埋下了一颗求胜欲望的种子，因为圣母队也是凭借这种求胜的欲望才得以创下举世闻名的成绩。的确，英雄崇拜能使人进步，如果我们崇拜的人是胜利者的话。

我认为，无论是在成功还是失败的环境中，与同事之间的相处都是一项非常重要的因素。在我的儿子布莱尔与丹·贺尔宾磋商职位定位时，我的这一观点得到了很好的证实。贺尔宾先生给我儿子的起薪只是另一家对手公司的一半。

在这个抉择上我以父亲的身份对其施压，并劝导他接受与贺尔宾先生共事的机会。因为我相信，和一个不向逆境妥协的人共事，密切接触，是一项永远无法用金钱衡量的资产。

低层职位对任何人来说，都是单调、沉闷、无利可图的。所以我才一再强调，要主动制订周密计划，竭力避免从底层干起。

利用专业知识实现构想

为儿子准备“个人服务推销计划”的那位女士，现在受到了全国各地人们的委托，他们都希望这位女士也为自己制订一个“个人服务推销计划”，他们渴望成功推销自己，赚取更多回报。

这位女士帮助人们在相同的劳动付出条件下挣得更多的报酬，但不要以为她的计划仅仅是巧妙的推销术。事实上，她同时兼顾了个人服务的买卖双方的利益，而且计划是按照这一目标拟订的。因此雇主虽然支付了较高的薪水，但却可以预计这些服务带来的丰厚回报。

如果你富有想象力，而且想为自己的个人服务寻求更有利可图的出路，那么这个提示或许正是你一直寻找的激励。这个构想带来的巨额收入，甚至可能远高于那些接受过多年大学教育的普通医生、律师或工程师的收入。

一个好的主意本身就是无价之宝。

而专业知识是任何优秀主意的背后支撑。可惜的是，很多人拥有丰富的专业知识却缺乏好的创业想法，因而与巨额财富擦肩而过。正是由于这一事实，帮助人们顺利出售个人服务的人，有了普遍的需求，而且这一需求仍在不断增长。

能力意味着想象力，它能使专业知识与创业构想相结合，形成合理的计划，从而获得财富。如果你富有想象力，那么这一章提供的启示，足够成为你追求财富的起点。

记住，专业知识遍地都是，而创新构想不是人人都有！

第二章 ——— **想象力：没有想不到，只有做不到**

生产智慧的工厂，此乃思考致富的第二步

想象力其实就像个工厂，人类的所有计划都是在这里被创造出来的。借助想象力，欲望的冲动得以成形、塑造并被赋予行动。

人们常说：没有想不到，只有做不到。

借助想象力，人类在过去50年间发现和驾驭的自然力量，超过了此前全部人类历史时期的总和。比如，人类征服了天空以及太空，这是飞翔的鸟儿也无法企及的。人类还在数百万英里之外，分析并测量了太阳的重量，并且通过想象力，测定出太阳的组成成分。另外，人类在运动速度上也有所突破，现在能以英里以上的时速旅行。

在合理范围内，人类唯一的局限，在于想象力的开发与使用。然而，人类想象力的开发与使用尚未达到极致。人类只是发现了自己的想象力，并且开始以其最基本的方式来应用而已。

想象力的类型

按照想象力的功用，我们可以将其分为两类：综合性想象力和创造性想象力。

综合性想象力：通过这种能力，人可以把旧有的观念、构想或计划重新组合，推陈出新。这项能力没有任何创造，它只是将经验、教育和观察作为材料进行加工。

综合性想象力是发明家进行创作的基础，也最为他们所常用。但其中也有一些例外的“天才”，当依靠综合型想象力无法解决问题时，他们会转向运用创造性想象力来寻求突破口。

创造性想象力：通过这种类型的想象力，人类的智慧能在有限的知识上得到无限扩充。我们常说的“预感”和“灵感”正是通过这种创造性想象力获得的。所有的基本构想或新构想也正是通过这种能力产生的。

创造性想象力是自发作用的。这种能力只有在意识高速运转的情况下，才会发生作用，比如思维意识在受到“强烈欲望”的激烈刺激时。

创造性想象力越使用越丰富，其开发程度决定了其丰富程度。

商业、工业、金融各界的领袖们，以及艺术家、诗人和作家等大家之所以创造了夺目的成就，是因为他们在综合性想象力的基础上充分发挥了创造性想象力的功效。

综合性想象力和创造性想象力都需要经常开发运用，以增进其灵敏度。这个原理就像人体的肌肉与器官一样，都是越常用越发达。

欲望只是一种意念，一种冲动，不够明晰，而且容易消逝。在转变为实质对等物以前，它是抽象的，没有任何价值。在将欲望转化为金钱的过程中，综合性想象力的使用频率要高得多，但你也不能因此忽视了在某些特殊情况下，仍然需要创造性想象力的协助。

人的想象力久而不用就会变得迟钝

人的想象力久而不用就会变得迟钝，若是勤于应用，你的想象力就会变得活跃、敏锐。想象力因为被闲置可能沉寂下来，但它并不会因此而消逝。

首要任务就是先集中发展综合型想象力，因为这是化欲望为金钱的过程中比较常用的能力。

通过一个或多个计划可以把看不见、摸不着的欲望冲动转化为实际、具体的事实、金钱。而这些计划的形成必须借助于想象力，其中，综合型想象力发挥了极为重要的作用。

完成了整本书的阅读之后，从第一章开始，运用想象力，制订一个或多个计划，以便将欲望变为财富。制订计划的详细要求，几乎在每章中都有描述。而后，立即采取行动去执行符合你需要的指标，注意，一定要形成书面计划。

这样，模糊的欲望就有了具体的模样。将前面这个句子再读一遍。大声而且缓慢地念出来。记住，在将欲望和实现欲望的计划写成文字时，实际上你已经实现了将一系列意念转化为其等价的实物过程，迈出了颇为关键的一步。

作为一种意念冲动的欲望就是一种无形的能量

你生活的世界以及其他物质，甚至包括你自己，都是自然演变进化的结果。细微的物质按照一定规则组织排列起来，便形成了进化的过程。

还有一点，而且是更重要的一点，这个地球、你身上数十亿细胞中的每个细胞以及组成物质的原子，皆始于一种无形的能量。

作为一种意念冲动的欲望就是这样一种无形的能量。

当你开始有欲望这种意念冲动，想去聚积财富时，你就是在利用一种“物质”，这种物质和大自然创造出地球及宇宙万物，包括使你产生意念冲动的身体和头脑，所用的物质都是相同的。

运用这一亘古不变的法则，可以源源不断地创造财富。因此，我们必须首先学会并掌握这些法则。作者希望通过不断重复，从各个可能的角度，来讲述积累所有巨额财富共同使用的秘诀。尽管看来奇特而且似是而非，这个“秘诀”却不是什么秘密。大自然本身就是这个真理的显而易见的体现。在我们居住的地球上、天上的星座、天空中肉眼可以看到的行星、我们身外的元素、每片叶子以及举目所见的各种生命形式，无一不是如此。

下面的原理对于你理解想象力这一概念将起到十分重要的作用。然后，再次阅读并且分析它时，你会发现自己的思路更清晰了，而且也能更全面地理解想象力。要切记，在阅读的过程中不要中途停止，更不要迟疑，直到你将此书读过至少 3 遍以后，自然就可以参透其中之义了。

魔法壶神话

50 年以前，一位乡村医生赶着马车来到了一个小镇上，拴好马后，他从后门悄悄地溜进药房，与一名年轻的药房伙计进行了一笔秘密交易。

医生和伙计在配药柜台后面，窃窃私语地谈了一个多钟头。然后，医生来到门外的马车旁边，从车上取下一个旧式茶壶和一个搅拌用的大勺子，放在药店后面。

药店职员检查过茶壶后，从口袋里拿出一卷钞票交给了医生，整整 500 美元，这个伙计的全部积蓄。

医生交给他一张写有秘方的纸条。秘方价值连城，但对于乡村医生来说却不值一文。医生和年轻的伙计都不知道，使用这个神秘的方子究竟会使这个壶里汩汩流出什么样的财富。

乡村医生极为乐意用 500 美元的价钱来出售那一套设备。年轻伙计则愿意孤注一掷用所有积蓄来换取这样一个秘方和一个旧式茶壶。他无论如何也没有想到，他的这笔投资换来的是桶桶黄金，这个旧式茶壶简直就是他的阿拉丁神灯。

实际上伙计买到的就是一个构想，旧式茶壶、木勺和秘方都是偶然的东西。关键是伙计在秘方中添加了一种无人知晓的成分才导致了奇迹的发生。

看看你能否猜到，年轻人究竟在那个秘方里面添加了什么东西，而使得茶壶满溢出黄金来？虽然这个故事听起来充满神话色彩，但确确实实这是一个始于构想的真实故事。

让我们看看这个构想带来的惊人财富。全世界的每个角落，数以百万的消费者都在消费着这茶壶中流出的东西，它过去很值钱，现在依然如此。

这只老茶壶现在是全世界最大的食用糖消费者之一，它为那些从事甘蔗种植以及提炼的销售商贩们提供了赖以生存的市场。

这只老茶壶每年消费数以百万计的玻璃瓶，因而给大批玻璃工人提供了就业机会。

老茶壶还给美国数目庞大的店员、速记员、广告撰稿人以及广告专家提供了工作。几十位艺术家创造出精美的图片，来描绘产品特性，也因而名利双收。

老茶壶导致一个南方小城市的翻天巨变，摇身成为南部的商业之都，城市的各行各业以及每位居民都是它的间接受益者。

现在，这一构想的影响力惠及全世界各文明国家，它源源不绝地流淌出财富，送给那些接触到它的人。

老茶壶的财富建立起了一所卓越的学院，数以千计的年轻学子在这里接受培训，走向成功。

如果那只老茶壶里的东西会说话，它一定会以各种语言说出令人兴奋的浪漫故事，诸如爱情罗曼史、商业传奇以及每天受到它激励的职场男女的不凡故事等。

至少有一则罗曼史是作者所知道的，因为作者本人就是故事的见证者。而故事就发生在离药店伙计购买老茶壶的地点不远处。作者就是在那里遇到了人生的另一半，并生平第一次听到这只旧式茶壶的神奇故事。当作者向她求婚，请求她“无论好坏”全盘接受他这个人的时候，他们喝的就是那只老茶壶中的产品。

不管你是谁，不管你在什么地方，也不管你从事什么职业，每当你看到“可口可乐”这几个字的时候，请记住，这个产生了巨额财富、广泛影响力的商业帝国，曾经仅仅是一个药店伙计的构想。而药店伙计阿萨·坎德勒添加在秘方中的神奇成分别无他物，那就是——想象力。

暂时停止阅读，仔细回味一下这个例子。

还要记住，书中描述的致富步骤是一种媒介，通过它，可口可乐的影响力才能扩展到每个城市、乡镇、村落以及世上的无数大街小巷；还要记住，任何你创造出来的构想，都可能如同可口可乐的构想一样具有价值性和合理性，都可能再一次创造席卷全球的财富记录。

有志者事竟成

下面的故事告诉我们什么叫作“有志者事竟成”。我从已故的教育家兼牧师——弗兰克·冈萨拉斯那里懂得了这个道理。当时，他正在芝加哥的畜牧区进行他的传道事业。

冈萨拉斯先生在就读大学期间，发现当下的教育制度存在诸多弊端。而且，他认为要想纠正这些问题，就必须自己当上校长。

为了实现他的这个理想，他决定建一所不受传统教育方式影响的大学。

要实行这个计划需要 100 万美元！他到哪里去筹集这笔钱呢？这个问题一直萦绕在他心头，困扰着这位雄心勃勃的年轻牧师。

事情远比想象中的困难，他一筹莫展，没有任何办法。

每天晚上，这个念头都要随他入梦，早晨和他一起醒来。无论走到哪里，这个念头总是如影随形，挥之不去。他由此陷入了这个念头的困扰中，直到最后，被这个“意念”完全占领。

作为学者兼牧师，冈萨拉斯先生和任何成功人士一样认识到，“明确的目标”是起步的必要出发点。并且他认为，明确的目标会激发出无限的热情、活力和力量。

道理总是简单易懂，可实施起来就困难得多，他始终找不到获得这100万美元的方法。遇到这种情况，多数人会说：“算了吧，构想虽好，筹不到100万美元，又有什么用！”然后选择放弃。这的确是大部分人会说的话，但冈萨拉斯博士并没有这么说。他所说的话，以及他所做的事，意义非常深远。下面我正式介绍一下冈萨拉斯先生及其事迹，他自己是这样描述的：

一个星期六下午，我坐在房间里，心里想着该如何筹钱，以实现计划。我用了两年的时间去想这个问题，却从未采取任何行动！

现在该是行动的时候了！

彼时彼刻，我下定决心，一定要在一周内获得所需的100万美元。具体该如何开展我还难以确定。但难能可贵的是我给自己确定了获得这笔钱的时间期限，就在我下定决心，要在一定时间内获得那笔钱的一刹那间，一种强烈的自信心涌上心头，那是我以前从未有过的感觉。我内心似乎有个声音在说：“如若早点儿下定决心，或许钱已经筹到手了！”

事情进展异乎寻常地快。我打电话给一家报社，宣布我第二天早上将要讲道，题目是《如果有100万，我会用来做什么？》。

而且，我立刻着手准备这次布道词。坦白地说，这个任务并不难，因为两年来，我一直在为这次布道做准备。

我早早地准备完毕，想到100万美元即将到手，就信心满怀地睡着了。第二天早上，我起了个大早，走进洗手间，朗读布道词，然后屈膝祈祷，希望这次布道能引起某个人的注意，让他提供我所需的这笔钱。

祈祷时，潜意识里我再次觉得这笔钱一定会筹集到。我满怀兴奋地走了出来，却忘了带布道词，直到站在讲坛上正要开始讲道时，才发现了这一点。回去取稿子已经来不及了。然而值得庆幸的就是我没有回去取稿子，其实，这个稿子早已在我心中。当我起身讲道时，我闭上双眼，真真切切地诉说我的梦想。我告诉他们，假如我手中有 100 万美元，就可利用它来实现我的梦想。我把心中的计划描绘给他们听，我要筹集资金修建一所优秀的教育机构，教授他们使用的知识，启迪他们的智慧。

当我讲完坐下来时，从倒数第三排缓慢地站起来一个人，向讲台走来，伸出手说："牧师，我喜欢你的布道。假如你有 100 万美元，我相信你一定会实现你的承诺。为了证明我对你的信任，如果明天早上你能到我的办公室来，我就给你 100 万美元。我的名字叫菲利普·阿穆尔。"年轻的冈萨拉斯果然从阿穆尔先生那里拿到了 100 万美元。他用那笔钱建立了阿穆尔理工学院，即现在的伊利诺伊理工学院。

正是由于有了起先的构想，才有了后来的 100 万美元。而支撑这个构想的欲望在年轻的冈萨拉斯心中整整酝酿了近两年。

但是值得注意的一个事实是：当他下定决心并且制订了实现目标的计划之后，36 个小时内，他就得到了这笔钱。

在年轻的冈萨拉斯之前或之后，许许多多的人也都有过类似的念头。但是，冈萨拉斯先生的特殊之处在于：在那个值得纪念的星期六，他将模糊不清的想法具体化，明确地说出："我要在一星期内得到那 100 万美元！"

时至今日，冈萨拉斯获得百万美元的原则仍然适用！这一原则也可以为你所用！

创意如何生成财富

请观察思考阿萨·坎德勒和弗兰克·冈萨拉斯博士两人的共同点。那就是他们都熟悉一个道理：要想将创意变成财富，你必须拥有明确的目标和具体可行的计划。

倘若你还认为唯有勤奋和诚信方能致富，那你赶紧放弃这种想法！因为它是错误的！事实上，巨额财富的累积绝非是勤劳这支单一力量促成的。你所能获得的财富，一定是对你明确需求和切实计划的回应，而不是你所想象的勤劳、机会或运气。

一般来说，构想是凭借想象力驱使行动的一种意念冲动。所有杰出的推销员都知道，构想可以售出卖不掉的商品。一般的推销员不明白其中的道理，所以他们只能是一般的推销员。

一位廉价书出版商得出了一项值得所有出版商思考的发现。这个发现便是，市面上许多人买的是书名，而不是书的内容。只要为一本滞销书替换掉那乏味的书名，即使对书的内容不做任何改变，该书的销售业绩也可以飞涨到百万册以上。他只不过是撕去印有不具卖点书名的封面，重新贴上了颇具“票房”效应的书名封面而已。

这个看起来很简单的做法实质上就是一种创意构想的运用，是想象力发挥作用的成效。

构想没有标准价格。构想的创造者可以自订价格，如果你聪明灵活，也一定可以得到理想的价格。

每笔巨额财富的故事，其实都始于构想创始人与构想推销人的默契合作。卡耐基身旁簇拥着一群能为其所不能的人，他们创造构想，实际推动构想，使卡耐基及其他人获得了令人难以置信的财富。

无数人在一生中都抱着守株待兔的想法，等候着幸运的“机会”送上门来。我们不否认好运的确可以诞生机会，但最可靠的计划不能靠运气。一次幸运的确给我带来了人生的机会，但在机会变为资产之前，我所倾注的是 25 年不懈的努力。

“机会”使我幸运地遇到了卡耐基，并得到他的鼎力合作。那一次，卡耐基在我心中植入了一个构想，就是将创造成就的原则组织为成功哲学。这年的研究成果使得千万人因之受益，在实际应用该门哲学的人群之中涌现了许多致富的例子。起点其实很简单，那就是任何人都能创造出来的构想。

可以说卡耐基赐给了我幸运的机会，但成功所必需的坚定的决心、明确的目标、实现目标的欲望以及 25 年的坚毅努力来自哪里呢？其实，一般的欲望不可能战胜失望、气馁、暂时挫折、批评以及“白费时间”的一次次自我提醒。唯一可依靠的是一种强烈的欲望，一种萦绕于心、挥之不去的意念！

当卡耐基先生最初将这个构想植入我的心中后，我需要努力地培育它、呵护它，促使它继续滋长。逐渐地，构想在本身力量的作用下迅速强大，后来竟会反过来引导我、关照我、激励我。构想的确就是这样。最初是你赋予构想以生命力、行动和指导，然后，它们逐渐发展了自身的力量并据此去扫清所有障碍。

构想是一股无形的力量，它是通过有形的大脑产生的，但这股力量之强大远胜于大脑本身的力量。即便当创造构想的头脑化为尘土之后，构想依然生命长青。

第三章 ——毅力：不断前进，终将成功

坚定信心，不懈努力，此乃思考致富的第三步

在将欲望变为金钱的过程中，毅力是个不可或缺的因素。毅力的基础是意志力。

当意志力和欲望进行适当的结合，它们会产生一种不可抗拒的强大力量。有志积累巨额财富的人往往被别人视为冷漠无情，其实这是对他们的一种误解。他们将自己的意志力与毅力融合在一起，并用欲望作为实现目标的保证。

多数人一遇到挫折和不幸就会放弃自己的目标。在任何逆境面前不低头不退缩的人毕竟是少数，但这少数人能坚持不懈地朝目标迈进，最终得以实现自己的愿望。

“毅力”一词并没有超乎寻常的含义，但这种品质对于一个人的性格，就像碳素之于钢一样重要。

要想获得财富，必须掌握本书涵盖的关键要素。

所有渴望致富的人，必须对这些理念和原则加以思考理解，并且靠毅力来保证它们的实现。

试一试你的毅力

根据一般情况，读完本书的人里面只有 2% 的人会形成自己的明确目标，并制定实施他的详细计划。如果你不属于这 2% 的人，那你很可能在读完之后和大多数人一样，将书中的原则道理抛之脑后，然后继续你本来的生活模样。

缺乏毅力是失败的重要原因之一。一项对数千人的调查研究表明，缺乏毅力是大部分人的共同弊病。要克服缺乏毅力这个积习，需要很多努力，但最根本的决定因素是这个人的欲望强烈程度。

继续往下读，读完本书的结尾后再将培养毅力的步骤立即化为行动。你是否愿意遵循这些要求，能清晰地反映出你积累财富的欲望。如果对这些要求反应冷漠，那么说明你还不具备应有的"金钱意识"，因而也不可能积累财富。

财富流向那些随时准备接纳它们的人，就像河水终归大海一样。

如果你认为自己毅力薄弱，那么请认真阅读本书第四章"智囊团"，让自己身处一个智囊团队的协助下，借助他人的合作式努力来获得毅力。

在"潜意识"的章节中，也谈及了许多培养毅力的方法。请按照这些方法去做，直到你的习惯能把你欲望目标的清晰蓝图传达给潜意识。做到这一点后，你就再也不会受到缺乏毅力的困扰了。

不管你是醒着还是睡了，潜意识总是处于工作状态，片刻也不会停歇。

主宰你的是“金钱意识”还是“贫穷意识”

偶尔或间歇式地遵循这些原则没有任何用处。要得到满意的结果，需要你持续地运用它们，直到它们成为你的固定习惯。此乃培养“金钱意识”的唯一途径。

贫穷钟情于安于贫穷的人，类似地，财富青睐主动追求财富的人。没有金钱意识的人，其思想容易被贫穷意识自发统治。贫穷意识是不需要有意培养的，它会自动萌生和发展。但金钱意识不同，除非一个人天生拥有，否则只能通过刻意培养的方式获得。好好体会上述思想，你就会明白毅力在积累财富过程中所发挥的重要作用。如果一个人没有毅力，那么很可能他还未开始就已经失败。拥有毅力，才会胜利。

一场噩梦也能带给你关于毅力价值的启示。你躺在床上，半梦半醒，感到窒息压抑。你无力翻身，一动都动不了。这时候，你意识到，必须找回控制肢体的力量。通过意志力的不断努力，你终于可以活动一只手的手指了。你继续不断地活动手指，然后便获得了控制手臂的力量，最后，你竟然能举起手臂了。然后，遵循同样的模式，你也能控制另一条手臂的活动。接下来，你可以自由地活动一条腿了，然后是另一条。终于，凭借你极大的毅力，你完全控制了整个肌肉系统，从噩梦中“挣脱”出来。“奇迹”就这样一步一步地显现了。

如何从思维惰性中“觉醒”

你会发现要从自己的思维惰性中“觉醒”，需要和从噩梦中“挣脱”出来一样的步骤。

起初可以慢一点儿，然后渐渐提速，直到完全掌控自己的意志力。不管进展有多慢，都要坚持不懈。只要有毅力，就能成功。

如果你精心组建了自己的“智囊团”，那么其中定有一个人能帮助你获得毅力。有些致富者就是采取了这样的方式，因为他们认识到这样做的必要性。他们具备坚韧毅力的习惯，是由于身处的环境无时无刻不在逼迫、驱使他们，他们必须坚韧不拔。

那些形成毅力习惯的人好像上了失败保险。无论经历多少挫折，他们总能到达理想的彼岸。有时，好像冥冥之中有个隐形的指路人，它的任务就是检验一个人能否经得起挫折的考验。那些跌倒了再爬起来继续前进的人，最终会到达目的地，全世界都会为之欢呼，“太棒了，我就知道你能行！”过不了毅力这个关卡，这个隐形的指路人不会轻易让任何人品尝到成功的滋味。如果你经受不起这个考验，那么你注定与胜利无缘。

凡是经得住毅力考验的人都会得到丰厚的回报，不管他执着于怎样的目的，他都能够一一实现。这可以算作一种补偿奖励。比物质上的补偿更加宝贵的是精神上的奖励，他们经历了这个过程就会明白一个道理：即每一次失败的背后都有一颗孕育着同等收益的种子。

把失败踩在脚下

凡事也有例外，也有人根据自身的经验懂得了毅力的重要性。在他们眼里，失败只是暂时的，他们凭借炽热的欲望和执着的追求使失败转化为成功。如果从旁观者的角度来看，我们会发现，绝大多数人陷入失败的深渊后，就再也爬不起来。只有少数人把失败的惩罚视为强大的动力。令人欣慰的是，他们从不甘心接受生活中的逆境。但是，这种支持人们面对挫折时依然努力抗争的力量是不可见的，也是多数人心存怀疑的地方。这种力量，就是我们所说的毅力。我们只能说，如果一个人没有毅力，那他在任何事业上都不会获得成功。

写到这里，我抬起头来目视前方。在不到一个街区远的地方，是神秘的百老汇，它是“希望破灭的坟墓”，也是“机会的舞台”。世界各地的人都蜂拥而至，希冀寻获到名声、财富、地位、爱，或者人类称之为成功的任何东西。偶尔，会有人从众多的“淘金者”中脱颖而出，那么全世界都会传闻又有一个人在百老汇走红。但是百老汇并不是如此轻易能够被征服的。只有那些永不言弃的人，才能够成为“她”眼中的人才、天才，才会得到她丰厚的奖赏和回报。

于是我们可以说，这样的人发现了征服百老汇的秘诀。

秘诀其实无异于这样一个词，那就是“毅力”。

我们来看范妮·赫斯特的奋斗历程，在这个过程中你会发现毅力这个秘诀的重要作用。

范妮·赫斯特用毅力征服了百老汇这条“白色大道”（形容百老汇大道入夜后的星光灿烂——译者注）。1915 年，她来到纽约，希望靠写作来发财致富。这是一个熬人的漫长过程，赫斯特用了整整 4 年时间才得以实现目标。她从第一次经历中了解了纽约人的生活。她白天写作，晚上憧憬希望。每当前景一片黯淡时，她从不这样打消自己的念头：“好吧，你赢了，百老汇！”而是依然充满斗志：“很好，百老汇，你的确是打败了许多人，但他们不包括我！我一定要你输给我！”

她在首稿见刊之前曾遭到一家媒体多达36次的拒绝意见，但最终她破茧而出，让读者认识了她。一般人在遭到第一次拒绝时，很可能就会放弃继续写稿，这就像许多行业中的一般人一样。然而她在这条道路上奋斗了4年，因为她下定决心一定要成功。接着生活给了她巨大的回报。魔咒已被打破，范妮·赫斯特经受住了这个“无形指导者”的考验。此后，出版商络绎不绝地登门造访，带来的是滚滚财源。后来，电影猎头发现了她。此时，财富纷纷而至，颇有势不可当之势。

简而言之，你已经知道了毅力能让人取得成就。范妮·赫斯特并不是例外。不管一个人从何处聚集了大笔财富，但有一点至少可以肯定，这个人必须首先有毅力。百老汇对任何一个乞丐都会施舍一杯咖啡和一个三明治，但对于那些追求远大梦想的人，则必须让他们付出巨大的毅力代价。

凯特·史密斯如果读到这里，一定深有同感。她站在麦克风之前已经唱了很多年，没挣到钱，也不用说有什么身价。百老汇曾对她说：“如果你能握住麦克风，就来拿吧。”终于，那个快乐的日子来到了。后来百老汇不耐烦了，说：“给你又有什么用？不知道什么时候你就会被打败，我建议你开个身价，然后为之去奋斗吧！”史密斯小姐最终向百老汇要了一个大价钱。

毅力是一种可以培养出来的心理状态

毅力是一种可以通过培养而获得的心理状态。与其他心理状态一样，毅力的形成也需要明确的动力因素，它们包括：

1. 明确的目的。培养毅力的第一步，也许是最重要的一步，就是知道自己想要什么。强烈的动机会驱使人克服任何困难。

2. 欲望。如果对追求的目标充满强烈的欲望，那么相对容易形成与维持毅力。

3. 自信。相信自己有能力实施这项计划，并激励自己坚持执行该项计划直至实现。

4. 明确的计划。条理清晰的计划，哪怕计划不周或并不完全可行，也会激励人的毅力。

5. 认清自我。知道自己的计划非常可靠，并以经验或间接知识加以验证，会激励人的毅力。如果不“认清自我”，而只靠“猜测”，就会毁掉一个人的毅力。

6. 合作。通过人与人之间的相互理解、同情和密切合作可以培养毅力。

7. 意志力。养成为实现既定目标而集中精力制订计划的习惯，可以培养人的毅力。

8. 习惯。毅力是习惯的直接产物。大脑发出指令，让人完成每天要做的事情，并且记住这些经历，而且使思想成为每天经历的一部分。就拿恐惧这个人类最大的敌人来说，它也可以通过有意强化勇敢行为来克服。

毅力测试

结束毅力这个主题之前，来测试一下自身的毅力素质如何。依据上述诸条因素，逐条对照来检查，看看自己缺少哪些项。这样做能够使你更好地认识自己。

在这里，你会找到阻止你取得卓越成就的真正敌人。

在这里，你不仅能找到毅力不足的“症状”，还能找出造成这个弱点的根深蒂固的潜意识原因。如果你真心希望了解自己，认识自己的能力，那么请认真对待下面的清单，公正客观地进行反省和检讨。所有希望拥有财富的人，都必须克服下列弱点：

1. 不能认清并确定自己想要的究竟是什么。

2. 有原因或无故的拖沓，且常常用一大堆借口或托词作为遮掩的外衣。

3. 对获取专业知识毫无兴趣。

4. 犹豫不决，在所有的情况下都推诿责任，不敢正视问题。

5. 出现问题时，习惯靠推卸责任来代替积极寻求解决办法。

6. 自满。这是一种很难克服的顽症。

7. 缺乏热情。通常它的表现是，一个人在任何情况下都很容易妥协，而不是积极面对逆境，与之抗争。

8. 因为自己的错误责备别人，消极被动地接受逆境。

9. 由于缺乏明确的动机，因而没有强烈欲望。

10. 一遇到挫折，就迫不及待地想要放弃（由于恐惧中的一种或多种）。

11. 缺乏条理清晰、分析详尽的书面计划。

12. 构想或机会出现时，无动于衷。

13. 只有愿望，而无行动。

14. 安于贫穷，而不努力致富。缺乏雄心壮志，不愿意去追求自己想要的东西，不能做真正的自己。

15. 总是寻找发财致富的捷径，而不想付出应有的努力，通常表现为赌徒心理，总是幻想一夜暴富。

16. 害怕批评，易受别人的想法或言行影响，不能制定并实施自己的计划。这个敌人位于所有缺点之首，因为它通常隐匿于人的潜意识之中，我们很难发现它的存在。

害怕批评是多数构想最终沦为泡影的根本原因

让我们看一看害怕批评的症状。因为人们害怕遭受批评的心理，多数人甘受亲人、朋友和其他人的影响，无法过上自己想要的生活。

比如，因为害怕修正一段错误的婚姻会招致批评，不少人虽然选错了人生伴侣，即便吵吵闹闹是家常便饭，他们也愿意勉强地度过痛苦而不幸的一生。任何有这种担心的人都知道它的无穷后患，因为它会毁掉人的斗志，让人失去进取的欲望。

很多人走出校门后便疏于进一步接受教育，因为他们害怕批评。

又有多少人（无论男女）喊着责任的名号，让亲人毁掉了自己的生活，是因为他们害怕批评。其实，责任，并不需要任何人毁掉自己的抱负，剥夺追求自己想要的生活的权利。

在生意中人们不敢冒险去追逐机会，因为害怕如果失败会遭到别人的批评。在这种情况下，人们对批评的害怕比对成功的渴望程度更为强烈。

太多的人不愿设立远大的目标，甚至不认真选择职业，因为他们害怕亲人和朋友说："不要好高骛远不切实际，免得遭人笑话。"

当时，安德鲁·卡内基建议我用20年时间总结一部个人奋斗的成功学理念时，我的第一反应就是害怕人们会如何评说我。

卡内基的建议为我设定了一个与我以往的成绩远远不成比例的目标。几乎不加思索，我的脑子里就准备好了各种托词和借口，其实说到底，还不都是因为害怕批评。我听见内心里另一个自己这样说："我不行的，这是一项太过艰巨的任务，需要投入太多的时间。而且，你的家人会怎样看待你？你将以何为生？目前还没有人组织过一套成功学理念，你凭什么说自己能行？你是什么人，竟有这么大的口气？不要忘了自己是干什么的，你懂得什么理念？别人会想这个人疯了（确实如此），要么为什么以前从没有别人做过这样的事？"

诸如此类的想法通通涌入脑海，让我不得不考虑、迟疑。

这时候，好像全世界的注意力突然间转向了我，都在嘲笑我，劝我打消这个经卡内基先生提议而萌生的念头。

当时，在我的抱负还没有完全控制我之前，我完全有机会扼杀它。后来我观察了生活中的人们，发现大部分人的构想在刚形成时都是一个没有生命力的婴儿。如果你不赋予其明确的计划和及时的行动，它就不会获得生命的气息。呵护一个构想要从它的萌生之初开始。只要它存在一分钟，就要给它一分钟生存的机会。害怕批评是多数构想最终沦为泡影的根本原因，它使构想永远也无法发展到计划和行动阶段。

机遇也需要预订

很多人认为，物质上的成功依赖于幸运的机遇。我们不否认这种观点在一定程度上的正确性。但那些完全依靠运气的人只会迎来大失所望，因为他们忽视了成功的一个必备因素，那就是需要做好各项准备，以预订机遇。

经济大萧条时期，喜剧演员 W.C. 菲尔兹损失惨重，丧失工作，没有经济来源。而且他过去赖以生存的方式（杂耍）也已没有市场。再加上他年逾花甲，在许多人眼里，已经是一个老年人了。他渴望东山再起，因而主动要求在一个新领域（电影业）里做义务工。然而他的事业举步维艰，因为他不幸摔伤了颈部。在大多数人眼里，这已经到万念俱灰的地步了，但是菲尔兹依然坚持不懈。他相信，只要他坚持下去，机遇迟早会降临到自己头上。最后，他果然得到了机遇，但靠的不是侥幸。

玛丽·德雷斯勒将近 60 岁时，发现自己落魄潦倒，身无分文也没有工作。她也去寻找机遇，并且抓到了机遇。她的毅力让她在晚年获得了惊人的成功，而且是在这个世人眼里已过了实现抱负的年龄。

埃迪·坎托在 1929 年的股市崩盘中赔掉了所有的钱，但他凭借自己的毅力和勇气，以及一双与众不同的眼睛，最终为自己赢得了一份每周 1 万美元的工作！的确，如果一个人有毅力，即使不具备其他宝贵品质，也能得到好的发展。

人们唯一可以信赖的机遇是由自己来创造的。它是毅力和目标的结合体。随机调查一下你最先遇到的 100 个人，你询问他们生活中最想要的是什么，其中会有 98 个人答不上来。如果你进一步追问，有些人会说“安全”；很多人会说“金钱”；有几个人会说“幸福”；也有人会说“名誉和权力”；还有人会说“社会认同感，诸如生活舒适、能歌善舞、精于写作等”。但是他们都不能明确地解释这些说法，或者给这些模糊愿望的实现计划作一个大致的说明。财富不会回应愿望，而只能通过欲望的力量，借助持久的毅力，来回应明确的计划。

培养毅力的个 4 步骤

培养毅力有如下个步骤。它们是：

1. 在强烈欲望的驱使下，建立明确的目标。

2. 制定明确的计划，并化之以行动。

3. 不受消极懈怠思想的影响，包括来自亲人、朋友和熟人等负面思想的影响。

4. 与能鼓励你履行目标和计划的人结交同盟。

不管在什么领域取得成功，都需经历这 4 个步骤。本书理念的所有原则都出于一个总目的，就是让你把这 4 个步骤变为自己的习惯。

遵循这 4 个步骤，就可以掌握自己的经济命运。

遵循这 4 个步骤，就可以获得思想自由和独立。

遵循这 4 个步骤，就可以实现小康或成为巨富。

遵循这 4 个步骤，就可以帮你迎来机遇。

遵循这 4 个步骤，就可以将梦想变为现实。

遵循这 4 个步骤，就可以帮助你战胜恐惧、沮丧与冷漠。

遵循这 4 个步骤的人一定会得到巨大的回报。它让一个人掌握了自己的命运，主动向生活去索取自己所要求的价值。

第四章 —— 智囊团：集体智慧的活力

以集体智慧的结晶作为驱动力，此乃思考致富的第四步

无论是成功还是致富，力量都是至关重要的条件。

如果缺少足够的力量提供支持，计划就只能被束之高阁而变得毫无意义。本章和大家一起讨论如何获得力量以及运用力量的方法。

力量可以定义为：有组织、巧妙地运用知识。这里所说的力量，靠的是“有组织的努力”，这种努力足以将个人欲望实现为金钱之类的对等物。“有组织的努力”是指两个人或更多的人，基于合作的精神围绕着同一个明确目标不断努力。因此，这也就是我们所说的“智囊团”。

在积累财富的阶段，我们需要力量！在得到财富后，如何守住财富也需要力量！

我们一起来看看究竟如何获得力量。既然力量是多种知识的组织表现形式，我们首先需要认识知识的各种来源：

1. 智慧。如人类极富创造性的想象力等。

2. 积累的经验。人类积累的经验（或经过组织和记录的部分）可以在设施齐全的公共图书馆中寻获。高等院校也会将这种经验的重要部分分类整理后传授给学生。

3. 实验和研究。在科学领域以及其他各行各业中，人每天都在收集、分类和整理新的事实和经验。当知识无法通过“积累的经验”而获得时，就应考虑转向这种来源。此时往往需要借助创造性想象力的协助。

知识可以通过以上途径获得。获得的知识经过加工整理，制定出明确的计划，然后将计划付诸行动，知识便转化成力量。

从上述知识的来源不难想象，如果仅凭自己一人的力量来收集整理各种知识并进行后续工作，会遭遇到很大的困难。假如一个人的目标计划太大而难以制定得全面周密，则需要借助与别人的合作，为这个过程注入集体智慧的活力。

两种思想的碰撞，会产生第三种无形的力量

“智囊团”可以定义为“两人或多人为实现一个明确的目标而同心协力、团结一致，达成知识上和努力上的和谐合作”。

不依托“智囊团”的个人无法获得强大的力量。在前面一章中，我们讲到为了把欲望转化为金钱对等物，应该如何制订计划。如果你能持之以恒而且灵活变通地遵循这些做法，像伯乐相马一般地选择“智囊团”成员，那么无形中你已经实现了目标的一半。

因此，适当选取“智囊团”成员，你就可以更好地理解这种可以

利用但又看不见、摸不着的力量潜能。我们先来解释智囊团的两个特性：一是经济特征；二是精神特征。

经济特征是显而易见的。如果一个人身边聚集着一群全心全意帮助他的人，他们提供有用的建议、计策、合作，那这个人肯定能创造经济价值。所有巨额财富的积累都是以这种合作联盟为基础，意识到这一点能使你的经济地位得到提高和改善。

智囊团的精神特征则比较难理解。我们试图从这句话中获得某些启示：两个人的思想智慧进行碰撞，会产生第三种看不见的无形力量，我们将这第三种力量称作“第三个思想智慧”。

人的思想智慧可以被视作一种能量，其中一部分本质上来说是属于精神层面的。当两人的思想处于和谐的状态时，他们的智慧能量会相互形成一种吸引力，从而构成了智囊团的“精神性”。

智囊团原则，或者更应该说是指其经济特性，是由安德鲁·卡内基在多年前最先引起我注意的。依据该原则的指导，我做出了职业生涯的选择。

卡内基先生的智囊团约50人，起初组建这个团体是为了制造和销售钢铁这个明确的目的。卡内基先生将其获得的全部财富归功于这个“智囊团”的巨大动力支持。

通过观察所有财富积累者的经历，不管他是“巨富”还是“小富”，都不难发现这些人毫无例外地全部奉行了“智囊团”力量原则。

那是因为，除此之外，别无他物能帮助一个人获得如此巨大的力量了。

一组精诚协作的头脑产生的思想能量要大于单个头脑产生的思想能量

我们把人的大脑比作一个电瓶，显然，一组电瓶提供的电量大于一个电瓶的电量。另外，一个电瓶的电量大小还与电瓶所含的电池数、单个电池容量成正比。

人脑的运作模式也是基于同样的道理。明白了这个就不难理解为何某些人的脑子比其他人更厉害，那是因为这些人善于集中多个人的智慧，将其组装到自己的头脑中。一组精诚协作的头脑产生的思想能量要大于单个头脑产生的思想能量。

依托这个比喻，我们理解智囊团原则就是将集体的智慧和自身的智慧融合在一起，搭建获取力量的平台。

智囊团原则的另一个精神特性是：一个群体贡献的不仅仅是一种集体智慧，它的另一个优点是，这种智慧能量能为智囊团内每个成员所吸收利用，每个人都能获得提高。

我们知道，亨利·福特是在贫穷、失学、无知的困境中开始事业的起步的。我们还知道，在不可思议的短短 10 年中，福特先生克服了这三大困难，又在 25 年内跻身美国巨富之列。

除此之外，还有一个值得关注的事实，就是福特先生是在成为托马斯·爱迪生的朋友之后，才开始显示出其迅猛发展之势的。

知道了这一点，就不难理解一个人对另一个人的重大影响了。进一步想一想，福特先生最杰出的成就始于他和这些人的结识：哈维·费尔斯通、约翰·伯罗斯和卢瑟·伯班克，这些具有极高智慧的人。所以，伟大的力量可以通过友善的智慧结盟而产生，这一点也得到了证实。

本着和谐的精神与他人交往，人们会在无形中学习朋友的秉性、习惯和能力。福特先生通过与爱迪生、伯班克、伯罗斯和费尔斯通等人的交往，他等于是在自己的头脑中注入了这4个人的智慧、经验、知识和精神力量。更重要的是，他通过此书所叙述的步骤和方法，恰当地运用了智囊团原则。

这一原则同样适用于你！

我们之前已经提到过圣雄甘地。

他所获得的巨大力量来源于哪里？不难发现，甘地有效地动员了2亿人民齐心协力为一个共同目标而奋斗。因此，这种集体的力量是无穷的。

在某种意义上，甘地上演了一个奇迹，一个引得2亿人全心合作致力奋斗的奇迹。倘若你不觉得，那请设法让两个人自愿自主地合作一下试试，看看能持续多长时间，这个过程有多艰难。

企业的管理者都有过这样的切身体会，让所有的员工都和谐地团结协作是多么的不容易。

获得财富的“巧合”并不是没有道理的

财富是害羞而胆怯的，难以琢磨。要想赢得“她”的芳心，需要你孜孜不倦地追求，就像小伙儿爱上一个姑娘时的热烈追求一样。这种类比听起来有趣而滑稽，但这种“巧合”并不是没有道理的。它们同样要求追求者具备欲望、信心和毅力。此外，还要有切合实际的计划来将它们付诸行动。

大笔财富到来时，它会像高山流水一般轻松地流向积累财富的人。其中蕴藏着一股强大无形的力量洪流，可以把它比喻为一道河流，不同的是，河流的一端带着进入其中的人向上向前，流往财富之地；另一端则带着不幸掉入其中且无法脱身的人以反方向流向悲惨和贫穷。

凡是积聚财富的成功者都深谙这股巨流的习性。它实际上是一个人思想过程的映射。积极的思想情绪会引领人流向财富之地；而消极的思想情感则使人堕入贫穷越来越深。

对于任何因为想致富而阅读此书的人，认识到这个理念显得尤为重要。

如果你正被卷入贫穷的那端，那本书蕴涵的原则和思想就好比一把船桨，能助你击破巨流的阻力划至贫穷的另一端。不过，只有将这些原则加以运用且持之以恒，它们才能产生力量。那些持读读而已、走马观花乃至品头论足态度的人，很遗憾这些原则对你毫无用处。

贫富经常易位。想化贫穷为富裕，考虑周全、细致缜密的计划是不可或缺的，另外还需认真执行它。贫穷则不需任何计划，也不需任何协助，因为贫穷是胆大而鲁莽的，不比财富的羞怯与胆小。财富，是必须以“被吸引”的方式得到的。

幸福不仅仅在于拥有，还在于努力。

第五章 —— 潜意识：能量的发源地

利用这座桥梁，此乃思考致富的第五步

潜意识包含有一个意识领域。通过人类身体的感官传递给潜意识的所有意念冲动，都会在这个意识领域中进行分类和记录。这个意识领域就像一个档案柜，函件可以从档案柜中自由取放，人的思想冲动也可以通过这个领域被唤醒或放回。

任何性质的思想冲动都会被潜意识所接受吸纳，并进行分类。任何你渴望转化为实质或金钱对等物的计划、意念或目的，都可以自动植入潜意识中。潜意识最先对与情感（例如信心）相结合的主导欲望做出回应。

潜意识夜以继日地持续工作着。它按照一种不为人知的方式运作，结合各种媒介的力量，自动地将人类的欲望转化成实质对等物。

你无法完全控制潜意识，但你可以按意愿将你希望实现的计划、欲望传达给它。

潜意识是永不停歇地处于运转之中的

潜意识的创造能力是令人惊讶的，它能产生巨大的激励作用。

每次谈到潜意识时，我总不免自感渺小与卑微，也许人类对它的了解真的太微不足道了。

假如你承认潜意识的存在，并清楚它作为一种将欲望转化为实质或金钱对等物的媒介时，你就会了解“欲望”所揭示的全部含义。你也会明白，为什么作者会反复提醒你必须拥有明晰的欲望，并且把它们清楚地写在纸上。

你当然也会了解在施行这些指示时毅力的必要性。这项原则是一些激励物，依托它们你能获得接触与影响潜意识的能力。在第一次尝试时若失败了，一定不要灰心丧气。记住，在“信心”的指示下，潜意识只有通过习惯才能受到自己意愿的指引。也许目前你还无法建立信心，但只要有耐心、有毅力，建立信心就不是难事。

请记住，无论你是否努力对自己的潜意识施加影响，它都会自动起作用。这一点自然也是在暗示你，恐惧、贫穷以及其他类似的消极思想，也一样能充当潜意识的刺激物，除非你能很好地掌控这些冲动，并灌输给潜意识更适宜的养分。

潜意识是永不停歇地处于运转之中的。如果你疏于在潜意识中植入你的欲望，它便会接受任何思想。这一点我们已强调过多次，无论是积极的还是消极的意念冲动。

现在，你要记住，你每天都生活在形形色色的意念冲动中，而它们在不知不觉中不断被传递给潜意识。这些意念冲动既有积极的，也有消极的。所以你现在要学会努力地抑制消极的思想冲动，并通过积极的欲望冲动对潜意识自发地施加影响。

当你能够做好这一点后，就自然拥有了开启潜意识之门的钥匙。

不仅如此，你还能完全控制潜意识这扇门从而使其免受任何破坏性意念的影响。

人创造发明的任何一件事物，都是始于意念。借助想象力的扶持，人的意念冲动可以生成计划。在适当的控制下，想象力可以为计划或目标的创建提供服务，从而引导个人在自己选择的事业上走向成功。所有意图转化为实质对等物而自动植入潜意识的意念冲动，都必须经过想象力与信心结合。换而言之，要将信心与计划或目标相结合，再传递给潜意识，唯有通过想象力才能实现这个过程。

综上所述，聪明的你应该已经体会到，想要自觉地利用潜意识，需要学会协调应用所有原则。

如何利用积极情感

与情绪或情感相结合的意念冲动，比单独由理性产生的意念冲动更容易影响潜意识。也就是说，只有结合情感的意念，才能对潜意识产生行动的影响力。这一理论的例证不计其数。众所周知，情绪或情感可以控制大多数人。如果说对融合了情绪的意念冲动，潜意识真会做出较快地回应，也较易受它们影响的话，那么认识这些重要的情感就变得十分必要。

人类主要的积极情感有 7 种，消极情感也有 7 种。消极情感会自动注入意念冲动中，而这恰好是确保进入潜意识的通道。积极情感则需通过“自我暗示”原则才能注入个人希望传递给潜意识的意念冲动。这些情绪或情感冲动，可以比作制作面包用的发酵粉，它们的存在使得意念冲动由被动状态转成主动状态。

所以，我们可以理解，为何经由情感结合的意念冲动，比仅靠“冷静理性”产生的意念冲动更加有效。

7种主要的积极情感

1. 欲望
2. 信心
3. 爱
4. 性
5. 热忱
6. 浪漫
7. 希望

这是人类所有积极情感中最为主要、最为强大的7种，它们在创造性工作中得到了最广泛的应用。先学会掌控这7种情感（唯有通过使用方能掌控它们），然后在你需要的时候便能轻易掌控其他的积极情感。

因此，要记住，你正在阅读的这本书会让你心中充满积极情感，这能培养你的“财富意识”。

7 种主要的消极情感

1. 恐惧
2. 嫉妒
3. 怨恨
4. 报复
5. 贪婪
6. 迷信
7. 愤怒

积极情感和消极情感不会同时占据你的意识，一定只有一种居于支配地位。因此你务必使你的积极情绪成为内心意识的主宰，你应该承担这个责任。在这方面，“习惯法则”便十分有效。也就是说，你应该养成具备积极情感的习惯，将消极情感挡在心灵的门外。

只有刻意且持续地遵循这些指示，才能拥有影响潜意识的力量。意识中只要蹿出了一种消极情感，就足以使得所有来自潜意识的建设性机会通通被毁灭。

人人都有权企求财富，

多数人都渴望得到财富，

但是只有少数人知道，

明确的计划加上追求财富的强烈欲望，才是积累财富的唯一可靠途径。

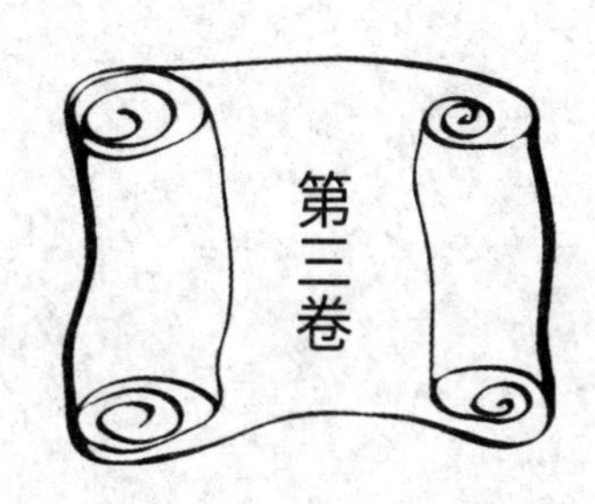

钻石宝地

[美] 拉塞尔·赫尔曼·康威尔　著

第一章 ——讲给“特殊的朋友”的故事

很久很久以前，我和一队英国人沿底格里斯河和幼发拉底河去旅行。向导是位阿拉伯老人，我总是觉得，他的某种气质很像我们的理发师。他说，他的职责不仅仅是带领我们沿河而行，如果只是这样会愧对所赚的导游费，所以他在一路上会免费给我们讲一个个故事，奇特古怪的、古老的或现代的、陌生的或熟悉的。这么多年过去了，他讲的许多故事我都不记得了，我并不遗憾忘了它们。但是，有一个故事却一直记在我心里，历久弥新。

我们沿着古老的河岸前行，老向导一边牵着我的骆驼缰绳，一边一个故事接着一个故事地讲个不停，直到我厌倦了，不想再听下去了。我不愿意听的时候，他就发火，但我却从来不恼。我记得，每到这个时候他就会摘下那顶土耳其式的帽子，抛成一个圆圈，吸引我的注意力。我用眼角瞥了瞥帽子，决心不直视他，免得他再讲个没完。可尽管我的好奇心并不强，但最后还是忍不住看他了，这一看，他马上就开始讲一个新的故事。

他郑重其事地看着我，说："现在我给你讲一个故事，只有最特殊的朋友我才会讲给他们听。"当他特意强调"特殊的朋友"这个字眼时，我心里嘀咕着：这是一个什么样的故事呢？值得他如此认真对待，这引起了我的一点兴趣，于是，便冲他点了点头。

老向导说，古时候，在离印度河不远的地方住着一个波斯人，叫阿里·哈菲德。阿里有一个很大的农场，有果园、田地和花园，他还借钱给人，收取利息，他因富裕而知足，也因知足而富裕。

一天，有一位僧侣来拜访阿里，这位僧侣是来自东方的智者。他在火炉旁坐下后，便给阿里讲述世界形成的过程。他说，这个世界的最初是一团雾，万能的神将手指插进这团雾里，慢慢向外搅动，越搅越快，最后把这团雾搅成了一个结实的火球。然后，火球在太空中滚动，边燃烧边滚过其他的一团团雾，火球四周的水汽逐渐凝结，直到大雨滂沱，一滴滴地落在高温的地面上，外层的壳也就慢慢冷却。后来，里面的火冲破了外壳，耸起了山脉、丘陵，形成了山谷、草场，就这样，产生了我们这个美好的世界。然后，溶解的物质从火球里冲出来，迅速冷却，变成了花岗岩；随后冷却而成的是铜，然后是银，接下来是金，金之后，钻石也形成了。

僧侣说："每块钻石就是一束凝固的阳光。"现在看来，这种说法从科学的角度来讲也是正确的，因为钻石其实就是太阳的碳沉积而成的。僧侣又告诉阿里，如果他拥有拇指大的一块钻石就会富可敌国，随时可以买下整个国家；如果他拥有一个钻石矿，他就能凭借这笔巨大的财富让自己的孩子们登上王位。

听了这个钻石的故事后，阿里·哈菲德知道了钻石价值连城。那天晚上，他躺在床上辗转反侧，之前的富足感和满足感一扫而空，他感觉自己已经是个穷人了。尽管他并没有丢失任何东西，但却因为感到不满足而觉得贫穷。因为担心自己贫穷而不满，他暗暗发誓："我想要一个钻石矿。"那天夜里，他夜不成寐。

第二天清早，沉浸在梦乡中的僧侣被阿里摇醒，阿里急切地说："请你告诉我哪里能找到钻石？"

"钻石？你要钻石干什么？"那僧侣问道。

"当然是想变得更富有了。"

"那么，好吧，去找钻石吧。只要你去找它们，它们就是属于你的了。"

"但是我不知道从哪里找起。"

"嗯，如果你能在两边是高山的地方找到一条河，河水从白色的沙子上流过，你就能在这些白沙子里找到钻石。"

"我不相信有这样一条河。"

"有的，这样的河有很多。你该做的就是去寻找它们，然后你就会拥有它们。"阿里说："好，我马上出发。"

于是，阿里卖掉农场，还索回了贷款，将家人托给一个邻居照管，在一个朦胧的清晨就上路去寻找钻石了。我想，他肯定是从月亮山开始寻找的。然后，又来到巴勒斯坦，接着辗转进入欧洲，最后，他身无分文，衣衫褴褛，困苦不堪。有一天，他站在西班牙巴赛罗纳海湾的岸边，两边悬崖壁立，大浪毫不留情地向他打来。这个可怜的人在寻找钻石的一路上饱经苦难和打击，早已奄奄一息。面对这样苍凉的景象，他抵抗不住一种可怕的冲动，便跳进了迎面而来的潮水中，淹没在浪花翻腾的波涛之下，再也没有站起来。

老向导语重心长地跟我讲完这个悲惨的故事后，停下来，转身去扶另一匹骆驼身上滑下来的行李。趁他走开的工夫，我认真地思索着这个故事：他为什么要把这样一个故事留给"特殊的朋友"呢？这个故事似乎没头没尾，没有中间情节，没有伏笔，也没有特别吸引人的地方。在故事的第一部分主角就死了，这是我有生以来第一次听到这样的故事。

过了一会儿，老向导回来了，他拿起缰绳，开始讲故事的第二部分，仿佛中间没有停顿过一样。

一天，那个买下了阿里农场的人牵着骆驼去花园里饮水。园里的小溪很浅，当骆驼将鼻子伸到水里的时候，那个人发现：小溪底部的白沙子里闪耀着一道奇异的光芒。顺着这道光芒，他从白沙子里挖出了一块黑色的石头，黑色的外表掩盖不住它耀眼的光芒，光彩炫目。于是他把这个石头拿进屋里，放在中央的壁炉架上，后来就完全忘了这码事。

没过几天，那位僧侣来阿里的农场拜访，一进门，就看到了客厅壁炉架上的那道闪光，他冲过去，摸着那块石头喊道："这是钻石！难道是阿里·哈菲德回来了？"

"啊，没有，阿里·哈菲德没有回来，那也不是钻石，不过是块黑石头，就在我们家的花园里找到的。"

僧人说："我向你保证，那就是钻石。"

然后，两人一起来到了花园里，用手在白沙子里挖掘寻找。天啊！他们居然发现了一块更有价值、更美丽的宝石。

老向导还对我说："戈尔康达钻石矿就是这样被发现的，这是人类历史上最辉煌的钻石矿，胜过金伯利。英王王冠上的科依诺尔钻石、俄罗斯国王王冠上的奥尔洛夫钻石、世界上最大的钻石全都是从这个钻石矿中挖掘出来的。"原来，老向导讲的不只是故事，而是真实的历史。

故事的第二部分讲完后，老向导又摘下了土耳其帽子，抛向空中，以让我留意故事的寓意。尽管故事并未直接涉及道德、伦理，但阿拉伯导游却总是强调其中的寓意。他边抛帽子边对我说：“如果阿里得到消息后能先待在家里，挖一挖自己的地窖、麦田、花园，而不是盲目地往外冲，在陌生的地方寻寻觅觅，历尽艰难困苦、饥寒交迫，以至于最后绝望自杀，他就会拥有自己的钻石宝地。啊，他的农场每一英亩，每一铲土，后来都挖出了钻石，这些钻石镶嵌在了国王和王后们的桂冠上。如果是这样的结局，该多美好啊！”

当他把故事的寓意讲完后，我终于明白，他为什么要把这个故事留给“特殊的朋友”。但是我并没有告诉他我已经领悟到其中的奥妙。这个有趣的阿拉伯人行事作风像律师一样转弯抹角，说出一些本来他不敢说的话，那就是，他心里认为，一个理应待在家里的美国年轻人，此时却正沿着底格里斯河旅行。虽然我看穿了他的想法，但我并没有让他知道。反而说，他的故事使我想起了另外几个类似的故事。于是便给他讲了一些故事。

第二章 ——— 财富，就在你脚下

第一个故事也是关于农场主的。故事发生在1847年的加利福尼亚。农场主听说加利福尼亚南部发现了金矿，便燃起了淘金的激情，他将农场卖给萨特上校，就满怀着发财的希望出门寻金了，从此再也没有回来。萨特上校在流过农场的小溪边上建了一个磨坊。一天，他的小女儿从溪流里捞出一些湿沙子，并把它们带回家，她坐在火炉边用手指筛沙子，从指间落下的沙子里，真金的光芒闪耀到一位客人眼中，就这样，又发现了一处金矿。原来的农场主如果留下来对自己的一亩三分地开始寻找，多多注意一下自己脚下的这块土地，这些财富就全是属于他的。自从那天从沙子里看到了第一束金光，在那几英亩的农场上，已经挖掘出了价值3800万美元的金子。

在宾夕法尼亚州还有另外一个故事，比上面那个更有说服力。有这样一个人，他不像我们见过的某些宾州人贫穷而又愚昧。他拥有一座农场，为了去干更大的事业，他打算卖掉自己的农场。但是在卖农场之前，他要先找到另一份工作，也就是，为他的表哥开采石油。表哥在加拿大做石油生意，他是最早在加拿大发现石油的人之一。于是这位宾州的农场主写了一封信给表哥，想通过他找到工作。这个农场主不是个蠢人。除非找到了新工作，他绝不会先离开自己的农场。表哥回信拒绝了，因为农场主对石油生意一无所知。然而，农场主并没有放弃，而是写信跟表哥说："我一定会学会这门生意的。"于是，他以极大的热情开始学习关于石油的全部课程。从上帝创造世界的第二天学起，那时的世界还被浓密的植被覆盖着，然后全都变成了原始煤矿。接着学到从这些丰富的煤矿里流出了值得开采的石油。然后他学习自流井是怎样形成的，直到全部掌握了煤油的性状、气味和提炼方法。这时，他又给表哥写了一封信，告诉他："我学会做石油生意了。"表哥回信说："好的，那你就过来吧。"

于是，他卖掉了自己的农场，据小镇档案记载，卖了 833 美元（正好 833 美元，没有零头）。他离开农场后不久，买主就开始着手解决饮牛的问题。他发现，许多年来，以前的农场主一直把一块厚木板插在谷仓后面的小溪里。木板仅仅斜插进水里几英寸，在对岸就形成一层看似恐怖的泡沫，使得牛不敢在有泡沫的地方喝水，只能在下游饮水。就这样，那个去加拿大的人 23 年来亲手阻止了大量的煤油流出来。几年前，宾州的地质学家宣布，那个农场分布有大量的石油，后来经开采，当年就为宾州创利 1 亿美元；后来，他们又宣布，这一发现能使宾州获利 10 亿美元。

如今，在这片土地上坐落着提多城和乐城山谷，曾经拥有它的那个人自学石油课程，从上帝创世的第二天一直研究到当代。他仔细地考察了这块土地，一草一木都了如指掌，后来却仅以 833 美元的价格卖掉了整个农场。

世界上有很多人都犯过这样的错误，我们又有什么资格嘲笑那个人呢？

今天晚上，我环视着周围所有听众时，看到的是50年来司空见惯的面孔——犯同样错误的人。我希望能见到一些年轻的面孔，希望这里坐满了中学生和文法学校的学生，我想和他们好好地进行交流。我更喜欢年轻的听众，是因为他们可塑性更强，没有成年人的偏见，没有顽固的风俗习惯，没有经历过太多失败的打击；与成年人相比，我能给这些年轻人带来更大的启发和帮助，尽管如此，我仍会为今晚的听众倾力奉献。我要告诉你们，在费城——你们的故乡，也有“钻石宝地”。但肯定有人会说：“噢，如果你这样认为，那么，你对这座城市太不了解了。”

第三章 ——— 金钱有力量，却不等于力量

以上的故事只是为了更好地说明我的观点所选的一些例证，但我想要强调的是，如果你没有钻石矿，仍然能够拥有一切于你有益的东西。在英国的一次招待会上，一个美国女人因为没有佩戴任何珠宝，而受到了英国女王最高度的赞扬。这证明钻石的作用也并非无往不利。如果你想要表现得谦逊纯朴，就尽量少戴些珠宝吧！

我要再次强调：此时此刻，在费城就有发财的机会和获得巨大财富的机会。今晚听我演讲的男人女人们几乎都有这样的机会。我站到这个讲台上不是给你们背诵那些准备好的说辞，而是来告诉你们我所信仰的上帝和真理。日积月累的生活经验，使我相信自己是正确的。坐在这里的男男女女，能够买到票来听讲座，就有机会拥有“钻石宝地”，就有机会获得巨大的财富。世界上从来没有一个地方像今天的费城这样适于发财，历史上从来没有像费城能提供这么好的机遇，一个没有资本的人能够靠诚实迅速致富。我说的是事实，并且也希望你们相信并接受这个事实。我不是来浪费时间的，如果你们认真地听了我

今天所讲的内容，却仍然不能使自己富裕起来，那么我的努力也就白费了。

每个人都应该富有，并且有责任使自己富有。有不少人问我："作为一名牧师，你在全国各地讲道，就是为了教育年轻人如何发财致富吗？"

我告诉他们："没错，正是如此。"

他们说："好奇怪啊！为什么你不传播福音，反而在这里给我们讲授生财之道呢？"

"因为教人靠诚实致富就是在传播福音。"

原因就在于此，能迅速发财致富的人是最诚实的人。

也许，今晚在座的一些年轻人会问："我向来听说，如果一个人有了钱，就会变得卑鄙、虚伪、吝啬，令人生厌。"我的朋友，这就是你为什么不能迅速发财致富的原因，因为你对人怀有这样的偏见。你的信仰基础是完全错误的。请允许我在此发表一个郑重而简洁的声明（因为这需要讨论，而我们现在没有时间），100个美国富人中有98个是诚实的。这就是他们富有的原因，也就是他们能够被委以财富，经营大企业，雇用很多人的原因。他们都是诚实的人。

也有另外的年轻人问我说："我曾经听说有人是靠欺诈赚钱的。"其实，不仅你听说过，我也听说过。但是这样的事毕竟少见，所以报纸才会把它们当作新闻报道，以至让你认为所有富人的财富都是靠欺诈得来的。

朋友们，你愿意用自己的车送我到费城的郊外去吗？让我们一同去拜访住在这雄伟的城市周边的人。他们都拥有豪华的住宅和繁花盛开的园圃，仿佛是一件件精美的艺术品。我要把你们介绍给这些人格最高尚同时事业也最兴旺的费城人。一个人只有拥有了自己的家才能成为一个真正的人。亲手创建出的家园使他们更诚实、更正直、也更纯洁。

一个人想要赚钱，甚至赚大钱，这样的事情并不违背我们为人处世的原则。我们总是告诫人们不要贪婪，反复劝告人们力戒贪婪，经常使用“肮脏的金钱”之类的词，结果使基督徒认为，我们这些站在讲坛上传道授业的人相信赚钱对任何人来说都是邪恶的。可是，当人群中传过募捐箱的时候，总有些人想咒骂别人没捐更多的钱。噢，金钱的理论就是这样矛盾。

在很多情况下，金钱就是力量，所以，我们应立志拥有它！你们应该有这样的抱负，因为一个人有钱的时候能够比他没钱的时候做更多的好事。工资高的人才有力量做更多的好事。只要他能充满正义感地恰当使用自己的财产，就可以轻松地做到这一点。

一位先生曾经问过我：“难道你不认为世界上有些东西比金钱更重要吗？”我当然认为这世间有胜过金钱的东西的存在，但是我现在谈的就是钱的问题。我知道有比黄金更高贵更灿烂的东西，我相信世界上有比金钱更宝贵、更甜美、更纯洁的东西。我相信爱是最伟大的，但是既有钱又有爱的人才是幸运的。金钱就是力量，金钱能伤人，也能行善。在善良的男人女人手中，它能够很容易成就善举，而且事实也证明了这一点。

这个道德必须澄清一下。在一次祷告会上，我听见一个男人站着祷告说：“感谢主，我是天父的一个贫穷的孩子。”噢，我真不知道他妻子听到这话后会有何感想。家里的全部收入都是她工作所得；丈夫还喜欢在阳台上抽烟，因此抽掉了一部分钱。我不想再见到像他这样的所谓的上帝的穷孩子，恐怕上帝也和我一样不想见到他们，但是却有些人认为，只有极度穷困，极度肮脏的人才能信仰虔诚。这是错误的。虽然我们同情穷人，但却不能大肆宣扬这个错误的理论。

企图一夜之间靠欺诈发财的人将会掉入更多的陷阱，这是毫无疑问的。嗜好金钱意味着什么呢？如果说金钱是偶像的话，那么任何形式的偶像崇拜都是被《圣经》所禁止的，也是为有识之士所指责的。崇拜金钱，却不思考它的用途，仅仅把金钱当作偶像，如吝啬鬼般把钱囤积在地窖里，或者藏在保险柜里，而不进行投资从而使它有益于世界，这样的人只会抱住金钱不放，直至金钱在他心里深深地扎下了罪恶的根。

第四章 —— # 无论贫富，都要学会自力更生

现在我要回答一个几乎在场的各位都想知道的问题："费城有发财的机会吗?"其实，找到机会并不困难，当你看到机会的时候，同时也就拥有了机会。有个老人曾对我说过："康威尔先生，你在费城住了20年吧，难道你会不知道在我们这座城市行事之艰难吗？我开了一个店，费尽心思苦心经营，可仔细一算，这20年来所有的净收入加起来还不到1000美元。"

实际上，我们可以用这个城市支付给你的财富来衡量你对它的贡献。这是因为一个人的收入最能精确地衡量他的价值，也就是以他某一时刻给予世界的益处为标准。如果你在费城苦心经营了20年，赚到的钱还不到1000元，那么费城早该在19年19个月时就把你从这个城市踢出去。即便是在费城住宅区的街道拐角开一家小杂货店，也没有理由在20年这么长的时间里连最起码的50万美元都赚不到。

也许有人会质疑我说："你根本不懂生意，牧师从来就不懂得该怎么做生意。"那好，我就好好地证明一下我在商业方面的专业素养。这

是不得已而为之，因为如果我不是专家，谁肯轻易接受我的观点呢？这应当从我小时候的经历说起，那时我父亲在乡村开了一个杂货店。如果说天底下有什么地方能让人学到各种生意经的话，就非乡村的杂货店莫属。当时父亲出门的时候我就照看一下小店。有一件事情让我印象特别深刻：一个人走进店里，问我："这里有锄草刀吗？"

我对他说："我们不卖锄草刀。"然后就转身走开了。我干吗要管那个人需要什么呢？接着，另一位农夫进来问："这里卖锄草刀吗？"

"不卖。"我哼着另一种曲调走开了。可是又有一个人走进店里，问了同样的问题："有锄草刀吗？"

"没有，为什么所有的人都到这里买锄草刀呢？你以为我们在乡村开这家店就是为了卖锄草刀吗？"

你有没有在费城开过这样的店？我想说明的是，信仰上帝和生意兴隆是以完全一致的原则为基础的。如果有人说："我无法将宗教信仰和生意结合起来。"那么他要不在生意上是个蠢材，要不就会很快破产，要不就是个小偷，三者必居其一，不出几年，他就会一事无成，甚至是一败涂地。如果不能在生意中坚持自己的宗教信仰，他必败无疑。假如我真的按照基督教的宗旨和上帝的计划照管父亲的杂货店的话，当第三个人进店说要买锄草刀的时候，我就能够卖给他了。那样，我为他做了好事，自己也会因此得到报酬，这些都是我应尽的职责。

有一些过分虔诚的基督教徒认为，不管你卖什么东西赚了钱，都是不义的。事实正好相反，如果你以低于成本的价格卖出了商品，那你就成了罪犯，因为你没有权利这样做。如果一个人连自己的钱都不能照管好，谁能把钱托付给他呢？要是一个人连对自己的妻子都不忠实，谁能相信他的品行好呢？一个人如果心地不诚实，品格不刚直，那这种人就不值得信任。当第一个顾客在我的店里买不到锄草刀，我就有责任意识到这一商品在这个区域的需求，争取把锄草刀卖给第三个或者第二个顾客，同时也使自己获利。但是我没有权力向顾客索要超过商品价值的价格，也没有权力卖了货却不赚钱。正确的销售之道是：买方和卖方获得同样的利益。

福音书的原则是：不但自己生存也要帮助别人生存。这也是符合生活常识的。年轻人应该过真正的生活，不要等到我这样的年龄才一点点感受到生活的乐趣。这些年来，我同样有过发财的梦想，如果这些梦想能够变成现实，我就拥有几百万元，即使是一半的数目也很好。就算真能实现，我仍然觉得我所得到的快乐比不上今天晚上我们在此聚会。多年来，我以同样的方式解释人生，并且得到了回报。这就是我帮助别人的方式。每个人都应该尽力而为，帮助别人，并且从中得到快乐。如果一个人正确运用自己的权利而获得利润，并始终与他人分享，那么他不仅每天都过着有意义的生活，更是走在一条通向巨大财富的光明的大道上。无数个百万富翁的故事都证实了这一点。

所以，开店 20 年却一无所获的人，他的经商原则一定是错误的。假如我明天早上走进你的商店，问："你认识某人吗？他住在哪里？"

"对，我对他有印象，他在街角的商店里工作。"

"他是哪儿的人？"

"不知道。"

"他家里还有哪些人？"

"不知道。"

"大选时他投了谁的票？"

"不知道。"

"他去哪儿做礼拜？"

"不知道，我从来不在意他，你问这么多问题干吗？"

如果你也在费城开店，你会这样回答我吗？如果是，那么你的经营方式就像我当年在马萨诸塞乡村替父亲照管杂货店时一样。你不知道自己的邻居在来费城以前住在哪儿，也毫不关心。若是你留意的话，你现在已经是一个富翁了。你要是足够关心身边的人，对他们的事情感兴趣，弄清楚他们的需求，那么你早就发财了。而你却总是抱怨："没有赚钱的机会呀！"你错了，其实机会一直都在你身边。

如果你的父母很富有，能为你提供足够的资金，那么你是在为父母做生意，而并非为自己。

年轻人拥有太多不是自己赚来的钱并不是什么好事。继承财产对他们的个人发展来说毫无帮助。把钱留给你的孩子，对他们有百害而无一利。但是如果你用这些钱让孩子从小受到良好的教育，使他们信仰虔诚、品格高尚，留给他们很多朋友和一个好名声，这些将使他们受益终生。单纯地让孩子们有钱，不利于孩子自身，更不利于国家。年轻人啊，如果你继承了财产，不要以为这是一件多么好的事。钱会成为你一生的祸害，会使你无法享受到人生最美的东西。没有比当那些富翁的子女更让人可怜的了，他们没有经历过奋斗，也就没能过上本该属于自己的真正的人生。可怜的富翁的儿女！他们永远都不会知道人生中最美好的东西是什么。

人生最美好的事情是这样的：一个自力更生的年轻男人与心爱的女人订婚，决心营造一个属于自己的家。爱给了他神圣的启示，使他渴望得到更美好的东西。于是他开始攒钱，努力改掉坏习惯，把钱都存到银行里。当他有了几百元积蓄时，就到乡村找一所房子，可能因此而花去了一半存款。然后去接心上人，当他第一次将新娘带进新家时，他会无比自豪地说："这个家是我自己赚来的，完全属于我，也属于你。"这一刻，才是人生中最美好的时刻。

第五章 —— 致富没有固定的模式，但有一定的法则

我能找到一个很好的例子来证明我的观点，这是一个大家都非常熟悉的真实的故事。斯图亚特一开始只是纽约的一个穷孩子，谋生之初手上只有 1 美元 50 美分。他做第一笔生意时，就赔了 87.5 美分。从某种角度来说，第一次冒险就失败的男孩子是多么幸运啊！他在心里对自己说："我再也不会在生意上冒险了！"他确实没有进行第二次冒险。那 87.5 美分是怎样损失的呢？这个故事可能大家都已经知道了——他买了一些针线和纽扣，可是没有人需要，于是这些东西积压在他手里，白白地赔了钱。他说："我再也不会像这样丢掉一分钱。"然后他挨家挨户地询问人们需要什么，弄清楚之后，他用剩下的 62.5 美分来满足这些需要。无论你从事什么工作——生意、职业、照管家务，生活中的任何事，在开始行动之前，都应当先研究一下人们的需求，这就是成功的奥秘。你必须先了解人们的需求，然后才能往最需要的地方去投入资金和精力。后来，斯图亚特利用这个原则赚了 4000 万美元。沃纳梅克先生继续着他的伟大事业，经营着斯图亚特在纽约

创建的商店。他之所以拥有这么多的财富都得益于一个教训：必须将自己的钱投入人们需要的事务中。推销员们，什么时候才能领会这个教训？制造商们，什么时候才能明白，如果想成功，就需要清楚地了解别人不断变化的需要。所有的人，无论作为制造商、商人，还是工人，都应满足人们的需要。这个原则适用于全人类。

如果我问大家这样一个问题：在这个工业发达的城市，有没有机会在制造业上发财。“有的，”某个年轻人可能会说，“如果你能得到某个托拉斯的支持，或者有两三百万美元作为创业的资金，你就有可能发财。”年轻人，打击“大企业”而致使托拉斯解体的史实证明，现在是小企业发展的大好时机。现在，即使你没有那么多的资金，也同样能在制造业中迅速发财，这样的机会千载难逢。

但不免有人会产生质疑：“这样的事，根本就不可能办到，没有一点儿资本，怎么可能开始做生意呢？”我必须解释清楚，因为我有责任让每个年轻的男女明白，从而使他们尽快按同一个计划开始自己的业务。记住，年轻人，如果你了解了人们的需求，那么你所掌握的关于财富的知识胜过所有的资金。在马萨诸塞州，有一个人失业了，整天在家无所事事懒懒散散地度日。直到有一天，妻子实在看不下去，就要他到外面找份工作干。他听从了妻子的话出了门，却不知道上哪儿找工作。于是他坐在海湾的岸边，把一块浸湿的木片削成一个小木人。天黑了，就带着小木人回家了。当天晚上，孩子们因小木人争吵起来，于是他又削了一个使孩子们安静。当他在制作第二个小木人的时候，一个邻居正好来串门，饶有兴趣地看了一会儿，提议说：“为什么你不制作些玩具去卖呢？它肯定能帮助你赚很多钱。”

“噢，我不知道该做些什么玩具。”

“为什么不去问问你家的孩子呢？”

这位木匠说：“有什么用呢？我的孩子和别人的孩子想要的是不一样的。”

但是，他还是接受了邻居的建议。第二天早上，当女儿玛丽从楼上下来时，他问：“你想要什么样的玩具呢？”玛丽告诉他，她想要玩具床、玩具脸盆架、玩具马车、玩具小雨伞，还说了很多很多足足可以让他做一辈子的东西。就这样，通过在家里询问自己的孩子，他获得了制造的灵感。他找来烧火用的柴，因为他没有钱买木材，削出了一些结实的不涂色的玩具。多年以后，这些玩具传到了世界各地。那个人最初只为自己的孩子做玩具，后来按照它们的样式，做了更多的玩具，通过他家隔壁的鞋店卖出去。开始的时候，他赚了一点儿钱，渐渐地越赚越多。劳逊先生曾在他的《狂热金融》一书中说，这个人一度成为马萨诸塞州最富有的人。如今他拥有1000万美元，并且34年来，始终按照同一个原则赢得财富——一个人必须通过了解自己家的孩子喜欢什么从而判断别人家的孩子喜欢什么；通过了解自己、自己的妻子和孩子而知晓他人的内心，这就是他在制造业上通往成功的秘诀。“噢，”你们要问，“难道他真的没有任何资本吗？”有的，一把小刀，但是不知道这把刀是否是他花钱买的。

我曾在一份报纸上看到这样一个论断：女人从未发明过任何东西。那家报纸简直应当重办。

如果说女人从来没有发明过任何东西，那我不禁要问，提花机是谁发明的呢？你们穿的一针一线都是靠它织出来的。发明人是雅卡尔夫人。印刷工人用的滚筒、印刷机，是农民的妻子发明的。谁在南方发明了轧棉机，从而使我们国家的财富奇迹般地增长？是杰纳瑞尔·格林夫人。惠特尼先生讲解了其中的原理。又是谁发明的缝纫机呢？小孩子们都知道是伊利阿斯·豪。

我和豪曾经一起参加了南北战争，住在同一顶帐篷里。我经常听他说，他花了14年时间，试图发明缝纫机，最终都没有成功。不过，有一天，他的妻子下定决心开始研究，因为这种东西如果不能很快发明出来的话，他们一家人就得饿死了。于是仅仅用了两个小时，她就成功地发明了缝纫机。当然豪先生用自己的名字申请了专利。男人习惯了做这样的事。谁发明了除草机和收割机？根据麦柯考米克先生最近刚刚发表的内幕情况，发明者是一位弗吉尼亚州的妇女。麦柯考米克先生的父亲和他本人试图发明收割机，但是两个人都没有成功，于是便放弃了。然而这个女人拿来很多大剪刀，把它们钉在一块木板的边上，每一对剪刀都有一支把柄是松动的，然后用线把这些大剪刀连接起来，向一个方向拉动，剪刀就合起来，向另外一个方向拉动，剪刀就打开。因此，她找到了除草机的原理。你要是仔细看一看除草机就会发现，它不过是由许多大剪刀构成的。如果说女人能发明除草机、提花机、轧棉机，发明意义深远的轧钢机（卡内基先生说，轧钢机为美国所有的钢铁厂奠定了基础），那么，男人为什么不能发明天地间更多的东西呢？我这样说，是为了给我们男人一些鼓励。

谁是这个世界上最伟大的发明家？我再一次提出这个问题。他就坐在你的身边，或者就是你本人。“噢，”可是你会说，“我一生从未发明过任何东西。”伟大的发明家们最初也没有任何发明创造，直到有一天发现了一个重大秘密。你觉得大发明家就应该有一颗大脑袋，或者眼神应该像闪电一样犀利吗？根本不是。真正伟大的人普普通通、平淡无奇却深明常理。如果你没有看到他的实际成就，根本做梦也想不到他就是那位天才的发明家。他的邻居们也并不把他看成是伟人来尊敬，人们在自家后院永远不会发现出什么新奇的东西。于是常说，自己的邻居中怎么可能会出伟人呢？他们都远在别的地方。身旁的伟大之处总是这样的简单、朴素、真实、实际，以至于邻居和朋友们都没有觉察到。

真正的伟大经常不为人知，这是事实。人们对最伟大的男人、女人一无所知。我去加菲尔德将军家为他写传记时，他家的大门前就围了好多人。一个邻居，知道我事情紧急，就把我带到将军家的后门，喊道："吉姆！吉姆！"过了一会儿，"吉姆"来开门，让我进了屋。就这样，我得以为美国最伟大的人之一写了传记。然而在他的邻居眼中，加菲尔德将军再伟大，他也一样是过去的"吉姆"。如果你认识费城的一位伟大人物，并且每天都可以遇见，那么你一定也只是对他这样问候："你好吗，山姆？"或者："吉姆，早上好。"

由于在南北战争时期的一个战友被判处死刑，我平生第一次来到首都华盛顿，进入白宫拜见总统。在等候室里，我和许多人一起坐在长椅上，总统秘书一个接一个地询问他们的要求。问完了一排人，秘书进去了，然后又出现在门口，向我示意。我走进前厅，秘书说："那扇门进去就是总统的办公室。敲敲门进去就可以了。"这时，我感到前所未有地害怕，身体僵硬地站在美国总统的办公室前，不能动弹。我上过战场，在安提他姆，炮弹在我周围"嗖嗖"掠过的时候，我也没有像今天这样害怕。最终，我还是鼓起了勇气，也不知这股勇气是哪里来的。我伸直胳膊，敲了敲门。里面的人没有开门，只是喊道："进来，坐下！"

我走了进去，欠着身坐在椅子边上。心里还在不停地想如果此刻远在欧洲该有多好啊！坐在桌后的那个人没有抬头看我。他属于世界上最伟大的人之一，只是凭着一条原则就成为最伟大的人。要是全费城的年轻人现在都在这里多好，我就可以给他们讲讲这条原则，因这条原则可以给这座城市和人类文明带来极大的影响。亚伯拉罕·林肯成为伟人的原则几乎能被所有的人采用。那就是：不管做什么，都倾尽全力，坚持到底，直到完全胜利。在所有的地方只要坚持这条原则就可以造就伟人。他继续埋头批阅桌上的文件，我坐在那儿，禁不住颤抖。最后，他把批阅好的文件用绳缚好，放到一边，抬起头，疲惫的脸上露出一丝微笑。他说："我很忙，只有几分钟时间。请你用最简洁的话告诉我你的要求。"我开始讲那件案子。他说："这件事的本末我都听说过，你不必多说了。前几天斯坦顿先生还和我谈起这件事。你现在可以回去了，放心吧，总统绝不会签署命令，把一个不到 20 岁的小伙子处以死刑的，绝对不会。你可以将这话告诉他母亲。"

然后，他问我："战场上怎么样？"

我回答说："有时候我们很泄气。"

他说："别担心。我们很快就要赢了，已经离光明很近了。谁也不应该指望一辈子做美国总统，任期满了的时候，我会很高兴地退下来。到那时，我和泰德要回到伊利诺伊州斯普林菲尔德老家去。我已经在那里买了一座农场，即使重新又过上每天只赚 25 美分的生活，我也不在乎。泰德养了几头骡子，我们还要种洋葱。"

接着他问我："你是在农场长大的吗？"

我说："是的，我是在马萨诸塞州伯克郡山庄长大的。"

他将一条腿从大椅子的一角伸出来，说："我从小就听说过，在伯克郡山庄，你们必须把羊的鼻子削尖，它们才能把嘴伸到岩缝里吃草。"他那么亲切地和我聊家常，显得跟普通人没两样，我甚至觉得他多么像一个庄稼人，我的拘束感也一下子变得无影无踪。

随后他又拿起一卷文件，望着我说："再见。"我明白他的意思，站起来，走出去。出门之后，我难以相信，刚才自己见的是美国的总统。几天后，我仍然在那座城市，看到人群穿过白宫东屋，瞻仰林肯的灵柩。我看着遇刺的总统微微上抬的面孔，心想，就在几天前，我才见过他，他是如此朴实无华，但却是上帝选定的最伟大的人之一，带领一个国家走向最后的胜利。可是在他的邻居眼里，他不过是“老艾贝”。举行第二次葬礼的时候，我也应邀护送总统的灵柩安放在斯普林菲尔墓地。坟墓的旁边，站着林肯以前的邻居，在他们的眼里，总统仍然还是“老艾贝”。

你见过有的人趾高气扬，大摇大摆，撞在正在干活的汽车修理工身上吗？你会觉得这种人伟大吗？他只不过是一只吹起来的气球，被两只脚拽住，这种人毫无伟大之处。

谁是伟大的男人、女人？几天前，听说了一个小东西的故事，正是这个小东西使一贫如洗的人发了大财。他有过一次痛苦的经历，正是这次经历促使他发明了一种新的别针，也就是现在的安全别针。凭借这枚小小的安全别针，他成为美国最富有的家族之一的创始人。

马萨诸塞州有个非常贫穷的人，在一家制钉工厂干活。他 38 岁时因为工伤，不能继续在车间干活了，只能在办公室里擦掉账单上用铅笔做的记录，工资很低。他每天用橡皮擦账单，手很容易就累得酸疼。后来，他想出了一个办法，把一块橡皮绑在一根小棍的一端，用它来擦账单，像是在开飞机。他的小女儿看见他工作的样子，说：“你有了自己的专利。”这位父亲后来说：“我女儿告诉我，拿一根小棍，把橡皮绑在一头，就是一项专利，最初的想法就是这样。”后来他在波士顿申请了专利。现在我们使用的带橡皮的铅笔就源于这项专利。最后这个贫穷的工人拥有了百万的资产。

第六章 —— **伟大不在于将来的富足，而在于穷困时做大事**

我有一个问题请大家回答，费城有哪些伟大的男人、女人？可能有些先生会站起来说："费城哪有什么伟人，伟人都不住在这，他们在罗马、圣彼得、伦敦、马纳温克，或者别的什么地方，就是不在费城。"现在我还想谈一个最关键的问题，一个让我冥思苦想的问题：为什么费城没有成为一座更富有、更伟大的城市？为什么费城会被纽约超过？可能有人会说："因为纽约有海港。"为什么美国有许多没有海港的城市也超过了费城？原因就在于我们费城人自己贬低自己的城市。如果世界上有哪座城市需要被人强迫才能前进，那就是费城。修建林荫大道的提议被驳回；修建设备更先进的学校的提议被驳回；实行法制改革的提议也被驳回；所有有利于这个城市建设的建议和改进方法都被驳回。费城一直待我很好，但我必须向这座美丽的城市指出：我们应该好好巡视一下自己的城市，百业待兴，我们为什么不能做一番轰轰烈烈的事业展示给世人看，就像芝加哥、纽约、圣路易斯和旧金山的人一样。如果我们能唤起费城人的这种精神，我们就能把费城变成一个伟大的城市！

奋起吧，几十万费城人，相信上帝、相信人类，相信在这里就有天赐良机——不是在纽约，或者波士顿，而是就在这里——费城！这里有商机，有赢得生命中全部有价值的东西的时机。让我们从此刻开始，为振兴费城的事业而努力奋斗吧！

请原谅我冒昧说出这些话，因为我已经说了很长时间了。但是还有另外两个年轻人，一个站起来说："费城将会出现一位伟人，而且是从未有过的。"

"噢，这是真的吗？你将什么时候成为伟人？"

"当我在选举中获胜，担任政治职务的时候。"

年轻人，难道你不知道，在我们现行的政府体制中，担任公职是证明一个人渺小的基本体现吗？这是我们从小在政治学的初级课本里学到的基本道理。在这个人民当家做主的国家，政府为人民所有，为人民服务。只要这条原则不变，担任公职的人就只能是人民的公仆。《圣经》中说："仆人永远高不过主人。"还说："被派遣的人不可能高过派遣他的人。"如果人民是真正的统治者，那么我们不需要貌似伟大的人担任公职。如果这样伟大的人真的担任了政府要职，那么，年内我们的国家将会变成一个帝国。

你不可能变成一个伟大的人，因为你认为担任政府职务会使你伟大。但你要记住，如果你在得到职位之前本就只是一个很平庸的人，在担任职务之后也不会因此就变得伟大。这只能是个讽刺。

在纪念对西班牙战争胜利50周年之际，我们举行了和平庆祝活动。欧洲国家对此很不理解，他们说："再过50年，费城就不会有人听说过什么西班牙战争。"你们当中有些人看到了布劳得大街上的游行队伍。当时我不在费城，家里人写信告诉我，载有豪普逊中尉的一驾马车正好停在我们家大门外，人们高呼："豪普逊万岁！"如果我也在场，我也会这样喊的，因为豪普逊理应得到这个国家更多的荣誉。如果我走进一所学校，问："是谁在圣地亚哥击沉了梅里马克号？"男孩子们就会回答："豪普逊。"其实他们只说对了1/10。因为那艘船上还有另外几位英雄，他们坚守岗位，不惧危险，一直暴露在西班牙军的炮火下；而豪普逊，作为一名军官，本可以理所当然地待在烟囱后面。这里聚集着费城最聪明的人，但是，也许没有一个人能够说出另外7个人的名字。

我们不该宣扬战争的历史，而应该教育人们：无论一个人的职位多么卑微，只要他在自己的岗位上尽心尽责，就有资格跟现任总统一样获得美国人民给予的荣誉。可惜这样的教育方式并不为人们所采纳，我们经常听到的是，所有的战役都是将军们打的。

我至今仍记得，南北战争之后，我去南方看望罗勃特·爱德华·李将军，他是一位虔诚的基督信徒，无论是南方还是北方都认为他是一个伟大的美国人，都为他感到骄傲。将军给我讲了他的一个仆人的故事。那个仆人叫拉斯特斯，是一位新应征入伍的黑人士兵。有一天，李将军把他叫到跟前，取笑说："拉斯特斯，我听说你们全连的人都阵亡了，你为什么没死呢？"拉斯特斯冲他眨眨眼，答道："因为每当战斗打响的时候，我就和将军们一起后退。"

还有一件事我也不曾忘记。每当我闭上眼睛——紧紧地闭上——啊！我的眼前浮现出年轻时认识的人的面孔。是的，他们曾经对我说："你年富力强，可以夜以继日地工作，仿佛时间从不停歇！你不会变老的。"像任何一个同龄的老人一样，当我闭上眼睛时，曾经爱过和失去的人的面孔总是接连出现在眼前。我深深地明白，再华丽的说辞也改变不了我年已垂暮的事实。

现在，我闭上眼睛，仿佛又回到了马省的家乡，仿佛看到了山顶上的牛栏，还有那儿的马棚；我看到了公理会的教堂，还有市政厅和登山者的小屋；看到很多人成群结队而出，穿着鲜艳夺目的衣服；我看见彩旗飘扬，手绢挥舞，还听见了乐队的演奏。我看见那一连征战入伍的士兵列队走入广场。当时，我还只是一个男孩子，但已是一连之长，意气风发。尽管当时一根缝衣针就能把我的梦戳破，但在当下却觉得，那是世界上的人能够经历的最伟大的事件。如果你曾梦想当国王和女王，那就努力争取被市长接见吧。

在雄壮的乐曲声中，人们倾城而出迎接我们。我无比骄傲地带领我的军队列队走过那片公地，下山走进市政府。我的士兵穿过中央的过道，各自就座，我坐在第一排。一大群人，有一二百人拥进来挤满了礼堂，摩肩接踵，四周都站满了人。然后，政府官员入场，在讲台上坐成半圆形，市长位居中央。这个人以前并未担任过任何公职；但他是个好人，并且认为公职能使一个人变得伟大。当他坐在讲台上突然发现我坐在第一排的时候，就立刻走下讲台，邀我上台与市政府官员们坐在一起。在我没有参战以前，他们当中没有任何人注意过我，除了建议老师惩罚我，可现在我居然被邀请上台，与他们比肩而坐。噢，上帝！当时，市长就是帝王，我们那个时代的国王。这巨大的荣誉使我非常激动。

当我坐好后，大会主席就站起来，走到桌边，我们都以为，他会先介绍公理会的牧师，由牧师向返乡的士兵演讲，因为牧师是这个市里面唯一的演说家。不过，当观众们发现那个老家伙要亲自演讲时，脸上都不禁露出惊讶的神情。他一生从未发表过演说，但是他犯了许许多多人犯过的错误。他似乎认为只要担任了政府职务，就能变成伟大的演说家。如果一个人长大想做演说家，在小的时候却从来没有练过嘴皮子，这真是一件匪夷所思的事。

牧师早已将演讲稿背得滚瓜烂熟，当他在草场上来回踱步背诵时，甚至连牛都被吓呆了。他将稿子摊在桌上，推一推眼镜，在讲稿上探身停了一会儿，然后就大踏步走向演说台，脚步响亮而沉重——咚，咚，咚。可想而知，他一定对演讲的题目做了深入的研究，因为他呈现出一种慷慨激昂的神情。他的肢体语言也很有气势，身体的重心落在左脚跟，两肩后仰，右脚以 45 度角微微向前伸出，然后开始演讲。也许有人会说："这是不是太夸张了？"一点儿都不夸张，这样的演讲才能鼓舞人心。

"公民们——"他听到自己的声音，手指就开始颤抖，双膝打战，然后全身发抖。他结结巴巴，说不出话来，只好回到桌边去看讲稿。然后他握紧拳头，鼓足勇气，重新开始："公民们，我们——公民们，我们——我们——我们——我们——我们——我们很高兴——我们很高兴——我们很高兴。我们今天很高兴欢迎这些曾经浴血奋战的战士回到家乡——终于又回到家乡。我们尤其——我们尤其——我们尤其，我们尤其高兴地看到这位年轻的英雄今天与我们在一起（这是指我）——这位年轻的英雄，在想象中（朋友们，记住他说的这句话；如果他没有说'在想象中'，我提到这个短语就显得过于自以为是了）——这个年轻的英雄，在想象中我们看见他带领——我们看见他带领——带领，我们看见他带领他的部队走向最激烈的战斗。我们看见他明亮的——我们看见他明亮的——他明亮的——他明亮的剑——在阳光下闪耀，他向着部队高喊：'冲啊！'"

啊，天哪！那个好人对战争一无所知。今天晚上在场的任何一个合众国部队的战友都可以告诉你们，步兵军官在危险来临之时走在士兵前面，这几乎是犯罪行为。"他，举起在阳光下闪耀的明亮的剑，向着部队高喊：‘冲啊！’”我从来没有这样做过。你们想一想，在那种境地下，我能走在士兵的前面被前方的敌人和后面的士兵射死吗？那根本不是身为军官应处的位置。在实际的战斗中，军官的位置是在战线后方。职位越高，向后走得愈远。并不是因为他们不如士兵们勇敢，而是因为战争法就是这样要求的。不管是军官还是士兵，都要坚守自己的岗位，全心全意尽心尽责，那么他才是伟大的！

当时我学到这个教训，只要我还能呼吸，我就永远也不会忘记。伟大不在于将来担任什么高级职务，而在于贫穷之时能做大事，卑微之际能成壮举。人要想成为一个伟大的人，不是只有在战场才能做出成就。而是就在此时此刻，就在此地费城，就能成为一个伟大的人。只要他能带给这座城市更好的街道，更好的人行道，更好的学校，更多的大学，更多的幸福，更先进的文明，更虔诚的信仰，那么他无论身在何处都是伟大的。每个在场的人都应该记住，如果你想成为一个伟大的人，就必须从你所在之处做起，从你现处的位置做起，从费城开始，从现在开始。一个伟大的人应当能给他的家乡带来福利，能在他所住的地方做个好公民，能为建设更美丽的家园做出自己的贡献，无论做售货员、出纳员还是家庭主妇，无论生活过得富裕还是贫穷，都能创造幸福，无论在任何地方都能伟大，但他必须先让自己的家乡变得伟大。

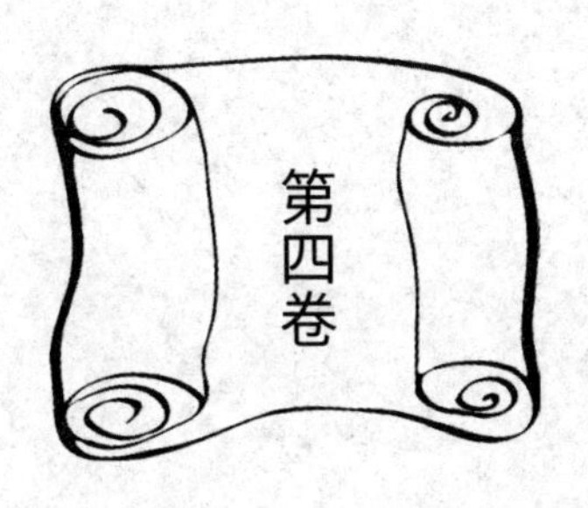

最伟大的力量

[美] 马丁·科尔　著

序 ——— 善于发现“最伟大的力量”

每个人都拥有力量，但不一定每个人都懂得主动去开发和利用。有些力量与生俱来，以至于你容易忽略它的存在，所以没有产生去开发利用它的意识。而这，恰恰是马丁·科尔所说的“最伟大的力量”。力量这东西，你有，我有，人人都有。

科尔的思想影响甚著，他是启发性自助丛书的传播者和出版者，如《思考与致富》《成功的定律》等，指引着成千上万人不断往好的方向发展变化着。科尔一生致力于追求能使自己和别人活得更好并走向成功的生活知识。也正是因为他的努力钻研、坚持不懈，才有了《最伟大的力量》中的发现。

我曾讶异于这本书在我们的销售代表和办公室职员的工作、生活中产生的巨大的推动力。

我曾用《最伟大的力量》一书所展示的方法来唤醒那些十八九岁的年轻人，使之自觉开发自己的潜力，学会自我管理，并学会发现学校生活、社交活动中能使自己出类拔萃的因素和生活中的真正财富。

我曾亲眼看见《最伟大的力量》中的“力量”如何激励囚犯们有意识、有计划地使自己重返社会、获得新生。

我切身感受到《最伟大的力量》一书给那些浮沉于情海、沉迷于酒色中的人的指引性力量。

《最伟大的力量》一书引人深思，但又通俗易懂。寥寥几语便直击内心，给人以启发、感动，从而采取行动。读完此书，学会挖掘自己身上“最伟大的力量”，并主动运用，你的生活也会变得更好。

美国联合保险公司董事长

克莱门特·斯通

第一章 —— 每个人身上都有一种伟大的力量

每个人身上都拥有一种伟大的力量，这力量之巨往往令人惊叹。如果能够运用得当，它将一洗以往你的羞怯、混乱、无所适从，而变得自信、平静和泰然自若。

现实生活中，不少人抱怨自己时运不济，生活无味……以及周围这个世界运转的方式，但他们却没有意识到，每个人身上拥有的那种神奇的力量，足以令人获得新生。

如果能够意识到这种神奇力量的存在并运用得当，你的生活将会焕然一新，变成你梦寐以求的生活。悲伤的生活可以变得快乐，失败也可能转化为成功。当贫穷啃噬着你的生活的时候，你可以将它当成一种历练并感到庆幸。羞怯也可以转化为自信。把平淡的生活变得妙趣横生，充满乐趣。担惊受怕也能安然度过，从而获得自由。

在走向成功的过程中，我们难免会一次又一次地遇到困难和挫折，置身于逆境之中。一个人如果长期陷入一系列的困难中，不得不和这样那样的麻烦抗争。不久，他就会形成这样一种生活态度：人生是艰难的，人生就是战斗，生活总是给他设立一道又一道的坎……那么，做这么多的事情有什么用呢？……“你不可能成为赢家”。那么，这个人就会灰心丧气，认准无论自己再怎么努力，都“不会有什么好事”。他自己想获得成功的梦想破灭之后，便将注意力转移到子女身上，希望子女过上另一种生活。有时，这会成为一种解决问题的方式，然而孩子们又容易陷入和父辈们相同的生活方式中。最终这个人得出结论：唯一能够解决这个问题的办法，就是结束自己的生命——自杀。

从头到尾，这个人都没有发现自己身上那种能改变人生的巨大力量。他没能分辨出这种力量，甚至完全不知道这种力量的存在。当他看见成千上万的人和他一样，以相同的方式与命运抗争，他认为那就是生活。

莱莫多·德奥维斯曾经讲过这样一个故事：

亚里山德拉大图书馆被烧之后，只有一本书保存了下来。但这本书价值不高，于是一个识得几个字的穷人用几个铜板买下了这本书。这本书虽然不是很有趣，但里面有一个非常有趣的东西！那是一条窄窄的羊皮纸，里面写着“点金石”的秘密。

点金石虽只是一块小小的石头，却能将任何一种普通金属变成纯金。羊皮纸上的文字解释说，点金石就在黑海的海滩上，和成千上万的与它看起来一模一样的小石子混在一起，但秘密就在这儿。真正的点金石摸起来很温暖，而普通的石子摸上去是冰凉的。于是这个人开始变卖家产，买了一些简单的装备，在海边扎起帐篷，开始检验那些小石子。这就是他多年的计划。

他清楚，如果将摸起来冰凉的普通石子扔在地上，那么他很有可能几百次地重复捡到这块石子。所以，当他摸到冰凉的石子的时候，他就将石子扔进大海里。他这样忙碌了一整天，却仍旧没有捡到一块是点金石的石子。然后他又这样干了一个星期、一个月、一年、三年。可惜，他还是没能找到点金石。

有一天中午，他捡到了一块石子，并且是温暖的石子，但他随手就把它扔进海里。他已经形成了习惯，把他捡到的所有的石子都扔进海里。他已经习惯了扔石子的动作，以至于梦寐以求的“点金石”到手了，却还是将其扔进海里。

唉，有多少次我们已经触摸到这种巨大的力量却没有认出它？有多少次这种巨大的力量明明就在我们手中却被我们亲手扔掉？如果没有意识到它的存在进而抓住它，那么我们就不可能创造出伟大的奇迹。这正是我从前为什么要用这样一整篇专题论文来讨论这种巨大的力量的原因，这就是人类所拥有的伟大的力量。

康威尔曾在他的《钻石宝地》一书中讲过这样一个农夫的故事。农夫有一个温馨的家。他的土地为他赚了许多钱，每年他都能从种植作物的收成中存下一笔钱。他衣食不缺，生活过得不仅有价值，而且还很快乐。然而，有一天一个僧侣对他说：“如果你能找到这样一个地方，那里的沙子是白色的，有水从上面流过，你就能找到钻石。你的儿女会比任何一位王子公主都富有，而你将得到你所能想象到的所有财富。”那一夜农夫失眠了……这是许多年来的第一次。他在床上辗转反侧。最后，他决定天一亮就卖掉农场，离开家去寻找钻石。他这样做了。他把家人托付给一位邻居，带上钱，走遍全世界去寻找钻石。最后，当他口袋里只剩下几分钱的时候，他开始厌恶自己和自己的行为，于是自杀了。这时，那个僧侣又来到了农场。他走进房子，抬头看了看壁炉台，问道：“农场原来的主人回来了吗？”农场的新主人回答说：“没有，他没回来。”僧侣不相信，他坚持说：“他肯定回来了，要不那边壁炉台上怎么有宝石呢？”“啊，不，”农场的新主人说，“那不可能……这块石头是我在后院发现的。”僧侣还是坚持向农场的新主人保证说：“我没有骗你，那真的就是钻石。”

非洲的金伯利金刚石矿就是这样被发现的。

你应该读出了这个故事的意义所在。当我们跑遍全世界去寻找钻石时，而钻石其实就在我们的后院。我们穷其一生都在寻找可以彻底改变我们现有生活的能力，但许多人用一生的时间都没有找到。而其实，它就在我们面前。我们要做的就是认识它、利用它，它就在你的身边。

伟大力量令人惊讶的地方就在于每个人都可以运用它。它并不需要经过什么特殊的训练或教育。这不是那种你必须有特殊的资质才能成功地利用它的能力。这也不是某些人特有的一种能力，运用它不需要任何财富或威望。这是一种与生俱来的能力，无论贫穷或富有，成功或失败。我们认识到这种能力越早，步入正轨并一直走下去的进程也会越快。这对他人也能起到模范作用。

许多人走进鞋店时，往往不会意识到，他们可以买一双高跟鞋，也可以买一双平跟鞋；当他们走进服装店时，他们可以买一件浅色的裙子，也可以买一件深色的外套；当他们打开收音机的时候，他们可以把旋钮调到这个台，也可以把它调到那个台；当他们走进冰激凌店的时候，他们可以买一个巧克力脆皮，也可以买一杯菠萝汽水；当他们要去看电影的时候，他们可以去一个附近的电影院，也可以去繁华城区的电影院。生活的确如此，如果你选择的话。当你想度假时，如果你选择了去海滨而不是去爬山，你就做出了选择。当你要买一辆小汽车的时候，你可以选择买某个奢侈品牌的车，也可以选择买价格亲民的车。也就是说，一个人所能掌握最大的力量就是选择的力量。

第二章 —— 环境不能控制，但是可以选择

明智的人都知道一个人不可能控制周围的环境。但是，我们可以选择周围的环境。

对于大多数人来说，我们一定要承认自己控制不了外部条件这个事实。那么，我们能做什么呢？我们可以控制我们的想法，通过控制自己的想法，并且运用这种最伟大的力量——选择的力量，我们可以间接地改变周围的环境。

这是一个发生在战争时期的例子：

在战争期间，每个年轻人都要求去参军。这是特殊时期的特殊要求，他没有别的选择，他必须为自己的祖国做贡献。他被带到军营里，在那儿接受训练，他在为参加战斗做准备。到现在为止，他自始至终都没有任何选择的余地，他必须做他的上司让他做的事情，必须遵从命令，但是他仍然有选择自己的想法的权力。如果他选择了诸如他不可能活着打完仗，他会受伤致残这样的想法，而这些事情又恰恰发生了的话，那也没有什么好奇怪的。我们知道，事实上，一个人或一个

士兵确实可以通过自己选择的力量来保护自己。英国最伟大的科学家之一，F.L.罗桑在《生活理解》一书中，给我们讲述了一个关于英国军团的故事。这个团在威特利斯上校的带领下，曾在第一次世界大战中服役四年而没有人员损失。军官和士兵们的积极配合使这种空前绝后的纪录成为可能。就因为他们不断地、有规律地背诵并重复《诗篇》第91条中被称作“保护诗篇”的文字。这也是一个关于选择力量的例子，通过运用人类拥有的最伟大的力量达到保护自己的目的。

外部的环境好坏变化无常，这是众所周知的。有的人甚至在情况好的时候都活不下去，情况糟时就可想而知了。这主要是因为他们没有运用这种最伟大的力量——选择的力量。当陷于困境时，许多人裹足不前，内心满是失意与落魄，等着政府采取措施来改变这种状况。但有些人则会运用这种最伟大的力量——选择的力量。这种人即使在困难时期也可能取得成功。许多最伟大的事业都是在“所谓的”困难时期开始并建立起来的。为什么会这样？因为这些成功的开创者拒绝迷信所谓的困难时期，他们总是朝前走，所以他们成功了。

在“经济萧条”时期，有个年轻的生意人认为自己的生意之所以做得不好，是因为时运不济，赶上了困难时期。他认为除非能够使周围的情况变好，他的生意才可能有所好转。然而，就在这个困难时期中最困难的一段时间里，他偶然走进一个购物区，发现这个购物区有两个卖肉的，他们之间隔着十来家商店。其中一个肉贩子非常忙，人们在他的摊位前站成三四排等着。而另一个摊前却门可罗雀。问题就出在这里。经济的萧条、环境的艰难是客观存在的，但是对于这同一个街区中的两个肉贩子来说，其中一个甚至压根就不知道或者是没有意识到有“经济萧条”这个东西，而另一个人却几乎连糊口都做不到。这个年轻的商人决定进行一番调查。他走进那家有人在排队等候的肉店。老板先用一种非常客气的口吻跟他打招呼，然后又说："我很忙，但您只需要等上几分钟我就可以招呼您了。"他对每个顾客都是态度亲切而有礼貌，并乐意为顾客解决困难，真诚为他们服务。他从来只给顾客提建议，不与顾客争执。买卖就这样愉快成交。随后，这个年轻商人来到另一家肉店。老板咆哮道："你要买什么?"他不卖给年轻人想买的肉，却强行推销他觉得人家应该买的。这样的作风令人不快，因此，顾客也就越来越少。不同的经营态度的选择，所发挥出来的力量也不一样。

这个肉贩认为在这段困难时期，生意要想做好很难。所以，在顾客们的眼里，他是一个没有礼貌、没有教养的人。另外，他甚至把自己的不良情绪发泄到光顾他肉店的顾客身上。另一个肉贩选择了相信生意做得好坏是自己的责任。于是他待人礼貌公平，乐于助人。他不知道经济萧条意味着什么。他做出了正确的选择。那个觉得生意不好做的人做出了一个错误的选择。

年轻的商人意识到了两个肉贩之间的不同。第二天他回到自己的办公室开始工作。他选择了相信那是他自己的责任，而与环境或政府无关。他开始进行广告宣传，调整了商品的价格，进行特卖活动，对生意做了一些必要的调整使之适应目前的环境。不久他又忙碌起来了……生意又好起来了……他又在赚钱了。他没有改变周围的环境，但他改变了自己。他运用了选择的力量，他的生意不但没有关门，反而比以前更红火了。

如何才能使人们意识到这种选择的力量呢?难道只有通过某种特定的方式才能使人们认识到这种伟大的选择力量吗?这种力量只存在于人类自己的头脑中，他们可以自主选择，逐步规划，过自己梦寐以求的生活。把责任归于周围的环境是再容易不过的；把责任归于亲戚朋友也是再容易不过的；把责任归于政府还是再容易不过的；把责任归于任何人、任何事都是再容易不过的，如果你选择这样做的话。但许多人都意识到了选择的力量，他们才逐渐地取得了进步。这种进步不仅表现在生意上，也反映在一个人的社会生活、家庭生活和私生活上。他开始意识到自己才是那个做出选择的人，而他的朋友们、亲戚们，虽然都是为他好，却不能代他做出选择。因此，他建立起了一种货真价实的自信。这种自信是建立在他自己的能力、活动和主动性的基础之上的。他不再依赖周围的环境，也不再依赖想象中的某个东西，而是依靠自己。从他意识到这种力量开始，结果就开始不断地显露出来。但想要意识到这种力量并非易事，大脑就好比一个跑马场，千百种偏差在我们的大脑中以极快的速度跑过，我们很难分辨出这种简单又令人惊讶的力量。

的确，现在的你无论信仰什么，都具备这种选择的力量。你选择鞋、汽车、广播、电影、度假方式、伴侣。你有这种能力，没有任何除你本人之外的东西能迫使你做出决定。你做了决定是因为你做了选择。你做出了这样的选择，因为你希望它如此。如果这是个糟糕的选择，那么，我们当然希望把责任推到什么人或什么东西上。于是，有人就说："这是上帝的旨意。"但是，这是事实吗？你可能很熟悉那句老话："自助者，天恒助之。"不管有关上帝的那些传说，你信还是不信，但上帝确实赋予每个人选择的权利。

亨利·德拉蒙德在他的《世界上最伟大的事情》一书中讲述了一个病重男孩的故事。这个男孩快要死了，他的父母非常伤心，但医生确实已经束手无策了。有一天，一个上了年纪的、笃信宗教的人走进这家，他发现这里的每个人都显得非常沮丧。他问这些人为什么都是一副无精打采、闷闷不乐的样子。他们说他们的儿子已经病得快死了。这位虔诚的老人便走进卧室，将手放在小孩的头上，说："我的孩子，上帝爱你，你难道不知道吗？”说完，他走出了卧室，离开了这家人。他走后没多久，那个病得快死的男孩突然从床上跳了起来，在整幢房子里跑来跑去，喊着：“上帝爱我……上帝爱我！”他不再是一个病孩子，而是变得健康活泼了。

许多人都有这样一种习惯，他们经常告诉孩子，如果你们做错了什么事，上帝就会惩罚你们。因此孩子的心里充满恐惧，对上帝的恐惧。他选择了害怕上帝。这个孩子成年后，他仍然怀着这种恐惧。然后，又对他的孩子讲述同样的话，将这种恐惧感延续。于是，就这样，随着时光的流逝，那些没有能够意识到可以改变他们生活的选择的力量的父母们，将这种恐惧永久流传。如果告诉孩子上帝会惩罚他可以使他不做坏事的话，那倒也说得过去……但是，看看四周，这种把戏并没有奏效。另一方面，如果我们能够意识到做错事将会有惩罚伴随，那么我们就会选择去做正确的事情。这样我们就会明白，不是上帝要惩罚我们，而是我们自己错误的选择将惩罚一并带来了。如果我们一开始就做出正确的选择，是不会出什么错的。

我们要意识到，在这个世界上除了我们自身外没有任何东西能伤害到我们。上帝不会伤害我们，上帝爱我们。那么，真正伤害到我们的东西是什么呢？就是错误的选择。

如果我们选择吃得太多并因此生病的话，该怪谁呢？如果我们选择将车开得太快以至于失控的话，该怪谁呢？如果我们选择使自己性格龌龊，令人讨厌，该怪谁呢？如果我们选择把钱带进棺材，成为“坟墓中最富有的人”，却使自己无钱治病，该怪谁呢？如果我们没有学会怎样生活，我们该怪谁呢？怪上帝？我们不能怪任何人。上帝不会伤害任何人。如果我们不正确运用上帝赋予我们的选择的力量，那么受到伤害的就是我们自己。

第四章 ——— 习惯形成性格，性格决定命运 

人生最大的问题莫过于性格。各种性格似乎总是在不断地发生冲突。我们一生中许多的困难和麻烦都是来自性格问题，因而人们不能和睦相处。家庭破裂、友谊中断，就业困难，往往是因为性格的冲突。有些战争的爆发也是因某些问题上的看法不一致所致。

在性格问题上，人类所拥有的最伟大的力量——选择的力量也起着非常重要的作用。你可以选择对人友好，也可以选择对人不友好；你可以选择帮助别人，也可以拒绝给人帮助；你可以选择与人合作，也可以选择独立承担；你可以选择激动行事，也可以选择保持平静；你可以选择大发脾气，也可以选择忽视那些令人不快的事情；你可以选择成为人见人爱的人，也可以选择做个“苦瓜”；你可以选择微笑，也可以选择拉长了脸走来走去；你可以选择信任别人，也可以选择不相信你遇到的每个人；你可以选择相信每个人都喜欢你，也可以选择相信“每个人都和你作对”；你可以选择做一个衣着得体的人，也可以选择做一个随便邋遢的人；你可以选择做一个有所抱负的人，也可以选择做一个好吃懒做的人。我们每个人都在做出自己的选择，选择的好坏往往会决定他一生的好坏。

以下就是一个很好的例子。

本杰明·富兰克林曾经很容易与人发生争执，好朋友都相继离他而去。临近新年的某一天，大家都在制订新年计划。富兰克林坐下来，开出了一张清单，清单上写着他让人讨厌的所有性格特点。他把这些一一列出来，并进行排序，把最有害的性格特点放在清单的第一位，然后依次排下来，害处最小的排在最后。他下定决心改掉这些不好的性格特点。每次他发现自己已经成功改掉一个坏毛病的时候，他就把这个毛病从清单上划掉，直到清单上所有的坏毛病都划完为止。最后，他成了全美国人格最为完美的人。每个人都尊敬他，崇拜他。当殖民地需要法国的帮助时，他们将富兰克林派到法国去。法国人非常喜欢富兰克林，以至于他要什么他们就给什么。今天几乎在所有关于性格塑造的书中都会有富兰克林的名字，他被当作最杰出的例子来引用。

试想一下，如果富兰克林选择终其一生不对自己的性格进行任何改造，而是和今天不计其数的人正在做的一样——父母给了什么样的性格就用什么样的性格处事；如果富兰克林继续以那种争辩的方式与人交往……那么，他绝不可能成功地说服法国人来帮助殖民地，也许整部美国历史都将改写。人的性格对于一个国家和民族来说都是非常重要的。但是，仍然有不少人很困惑："我能怎么样呢？我该做些什么呢？"一年又一年过去了，你本来可以做些什么？你自己都搞不清楚。林肯说："我要让自己准备好。总有一天我的机会会出现。"机会确实出现了。他选择了相信准备。至少我们要让那些生活在我们周围的人觉得生活是充满乐趣的，是合乎情理的，至少我们不会给周围的人带来麻烦。

有许多家庭就是因为一个性格有问题的成员，把家里所有人的生活搞得痛苦不堪。如果这个人能选择上帝赋予人类最伟大的力量——选择的力量，那么他就可以和家人过得快乐美满。

不少人都遇到过失去自己所爱的人的问题。有许多人在失去父母、兄弟、亲朋好友之后痛不欲生，了无生趣。他们会产生这样的疑问："现在活着又为了什么呢?"世界各地有成千上万的人"行尸走肉"般地活着，他们就这样平静地走过人生的大街小巷。他们没意识到自己拥有一种伟大的力量——选择的力量，于是他们就会按照以前的方式生活。可见，选择过去的生活方式会使自己成为周围人的负担。我们不能责怪这些人，因为打击来得太突然，毫无预兆，又损失巨大，以致他们无法理智地进行分析，这也是情有可原的。有时，我们很难搞清楚为什么会发生这样的事情。无论我们能不能分析出来龙去脉，都要使自己的生活首先恢复平静。

当我们所深爱的人去世后，我们该怎么做呢?继续以一种人们所希望的方式生活。不管他们身在何方，都让他们为我们感到骄傲。当然，我们不能控制周围的环境，但我们能掌握自己选择的权利。通过正确的选择，让我们的生活充满乐趣和意义，这不仅是为了我们自己，也是为了我们周围的人。

当我们面临生活中的种种困难时，总是认为这种困难难以克服。我们四下观望，想知道自己生活得是否值得。有的人还会有一些极端的想法，以至质疑世界的变化不是往好的方向发展。一旦我们选择相信世界变得更美好，世界就会马上开始变得美好起来。不要总等着别人去改造世界。别等着你的邻居进行自我改造……而应该从你开始。如果我们每个人都选择改造自己，那么我们就可以改变自己的小世界。我们每个人都生活在一个属于自己的小世界中，这个小世界对于每个人来说是最重要的，也是我们可以对其进行改造的世界。每个人都可能直接或间接地与50个或者105个人有联系。如果我们给这50个或105个人留下的是一个令人愉快、乐于助人的印象，我们就可以影响他们了，使他们朝着好的方向发展，而这些人又可以以同样或类似的方式去影响别人，世界将被改造成一个更好的生存空间。这也许并不像你想象的那样艰难，也不需要花那么长的时间。

事实上，只要我们愿意按照一些简单的建议去做，任何性格问题都是可以得到解决的。因为各种各样的分歧，很多夫妻的家庭生活并不和谐。因为分歧的形式多种多样，而人们总是忙于工作，没有空余的时间来消除分歧。甚至有些国家会发现，他们之所以卷入战争是因为有些分歧未得到解决。如果上述这些人们愿意运用选择的力量，那么我们会以另一种方式生活着。曾经有一位智者说："如果我们实在无法同意的话……就让我们以一种不让人讨厌的方式不同意。"

假如我们意识到夫妻之间难免会有一些不同的意见，有些分歧完全是可以接受的，因此，两个人的世界将在一夜之间发生改变，婚姻就会变得比以前美满得多。家庭生活会变得有意义得多，这对孩子的影响将是惊人的。相对的，离婚率也会大大下降，而且下降的幅度也将是令人难以置信的。员工之间也往往存在意见分歧，以至于很多人在工作时感到很不愉快。许多人表示喜欢工作内容，喜欢工作环境，对薪水也很满意，但是他们无法和某些人共事。许多人不断地换工作，只是因为和别人意见不一致。如果这些人愿意运用选择的力量，而且以一种不让人讨厌的方式表达自己的不同意见的话，他们就会发现生活快乐得多。当他们投入工作的时候，会心无旁骛；当他们跟人交往的时候，也会表现得自在、轻松得多。他们会觉得肩上卸下了一副重担，因为他们不会再与周围的人发生争执，相反，他们更愿意理解别人，去倾听他们的意见。

我们有许多人经历过一些战争。有的人经历的多一些，有的人经历的少一些。我们发现赢得一场战争和赢得和平根本就不是一回事。如果你仔细思考一下这件事的话，就会发现这很有趣。在战争中被你打败的那个国家，你必须在战后供给它衣食，帮助它重新站立起来，给它金钱上的援助使之经济能够自给自足。这是为什么呢？没有人知道。要开始下一轮冲突？要再创造你曾经竭尽全力想要毁灭的东西？世界上的国家会不会有一天运用选择的力量，把他们自己从巨大的灾难中拯救出来？这当然是我们所希望的。世界上各个国家会不会将在某一天选择以一种不让人讨厌的方式来表达自己的不同意见？这当然也是我们所希望的。做到了这一点，就好比我们可以运用选择的力量，使我们自己的生活变得愉快而有意义一样，世界各国也可以把这个由他们组成的家庭变成一个快乐的大家庭。这是不是听起来过于美妙而显得不真实了？我们天生就具有这种能力，关键在于你做出什么样的选择。

为什么我们会这么自信呢？如果你去听交响乐，或者在电视上看一个大型交响乐团的演奏，你能看到什么？一百多个人同时演奏一支大型的曲子。如果你再仔细观察，你就会发现许多种不同的乐器在演奏过程中发出各自所特有的声音，为整支曲子的演奏贡献一分力量。不同的乐器发出不同的声音，但却没有一点儿不和谐。每个演奏者都是在为整体的良好效果而演奏，没有冲突，所有的一切都显得很和谐。每个演奏者都希望这支曲子能成为他演奏过的所有曲子中最辉煌的一支。每个人都希望从完美的演奏过程中感觉到快乐。当这支大型曲子的演奏快要结束时，每个人都会从心底升起一股自豪感。

如果更仔细地去分析一下这个大型交响乐团的演奏的话，你就会发现每个人都选择了在这个乐团演奏。每个人都选择了用他正在用的乐器演奏。每个人都选择了要与其他人保持一致的节奏。每个人都选择了能做多好就做多好。每个人都选择了跟着指挥棒走，因为在演奏过程中它自始至终起着引导的作用。

我们也是如此，上帝赋予了我们这种选择的力量。上帝是爱我们的。他希望我们和睦相处。的确，人与人之间总有许多不同的特点，不同的习俗，不同的爱好，不同的语言……但是并没有不同到无法共处的地步，只要我们以不令人讨厌的方式表达我们的不同意见。上帝是我们人生的导航者，他就像一位父亲一样。作为我们的父亲，他使我们和平地生活在大家庭里成为可能。他通过赋予我们选择的力量使之成为可能。我们要怎样来利用这种力量，明智地还是愚蠢地。我们有选择的力量。

第五章 ——— 决心为富足而战

在这个世界上，许多人都在寻找财富。他们总是希望有一天可以不再为钱的问题而发愁。为了达到这个目的，他们制订了各种计划、方案，尝试过诸多方法，力图使自己富有并安定下来，可这一切都未能奏效。结果，他们灰心丧气，认定自己不是那块料，不可能占据这样一个令人羡慕甚至嫉妒的位置。他们曾做过各种尝试，但从来未曾有过改变自己的想法，而这很可能正是会使事情有所改变的途径。

不久前我认识了一个男人，他正面临着各种不同的财政问题。他妻子抱怨说，她害怕去开门，因为可能出现在门口的是债主。这种情形真令人泄气。我给了这家人一本书，认为这本书也许会帮助他们改变考虑问题的方式。这位妻子看了一眼那本书说："我是不会去读那玩意儿的……读那玩意儿没有任何用处。"丈夫说："我想读一读，把书留下吧。"结果，这个男人开始以一种新的方式思考问题，他以一种全新的精神投入到生活中去。一年后，他们搬到一个新的地方，开始了新的生活。

我没有给这个男人一分钱。尽管钱可能会对他有帮助，但这种帮助并不会长久，我们能做的，就是使这个男人走上选择自己的思想去改善自己的经济的道路。如果我们不改变考虑问题的方式，我们就很难去改变我们的经济状况。许多人都没有意识到牙齿总是由里向外长的。所以，我们必须改变自己的内在思想……如果我们改变了内在思想的话，外在的变化就一定会出现。所以，我们一定要选择好金钱和财政的思想。

如果能够正确看待这种巨大的选择的力量，那么你肯定能改变自己的金融和财政状况。但许多人都没能正确运用这种巨大的力量，而这正好使他们成了自己极力想躲避的那种东西的奴隶。

有一个年轻人失业了很长一段时间，生活极为艰难。最后他终于找到了一份工作，但这是一份丝毫不值得骄傲的工作。这个年轻人已有了妻儿，却总厚着脸皮说："我不想发财。"每天他都试图省下几便士存起来，留作儿子长大读大学的经费。这个年轻人看似明智，他选择了存一点儿钱留作孩子将来的教育基金。他从不去繁华的市区看电影而是去街道看露天电影，因为这样可以省下两角五分钱；他拒绝去环境稍好一些的饭店，因为那里花的钱更多；他去看正统戏剧的时候，买的不是剧场正厅的前排座号，而是楼厅上的位置，因为票价相对便宜得多；当他买车的时候，选择的也是最省钱的那种；假期的时候，他往往宅在家里，因为出门总是多多少少要花钱。可这个人依然厚着脸皮说："我不想发财。"

许多人长期陷在贫困中，这一点儿都不出奇。但并不是别人让他陷入这种贫困的境地，而是他们选择了继续在贫困中生活。他们没能认识到选择的力量。没有人因为生活节俭而受到责备。许多人不得不节省着过，否则他们根本就过不下去。这些人本可以利用这种选择的力量。他们本可以从一开始就憧憬生活中那些美好的东西。

不过，生活中还是经常听到有人抱怨说：“我很想要那件东西，但是我买不起。”这是实话，但是别总是这么说。只要你继续说“我买不起”，这句话便将伴着你度过一生。选择一种更积极的思想，比方说：“我要买下它，我要得到它。”当你逐渐建立起了期待的想法。你就建立起了希望。你建立起了希望，就永远不要毁掉自己的希望。如果你将自己的希望毁掉，生活也将陷入失望和失意。

有个年轻人说：“总有一天，我要去欧洲。”当时在座的一个朋友笑了起来，说道：“看看是谁在说大话？”当时，这个年轻人没说：“我想去欧洲，但我觉得永远都支付不起这笔费用。”他怀有希望，这种希望给了他动力，这种动力促使他去做一些事情，使他去欧洲的梦想成为一种可能。当你说“我买不起”的时候，一切事情都停止不前。没有希望……头脑变得呆滞……动力没了……然后我们选择相信什么都不会发生。但是，有一种巨大的力量——这种选择的力量能带给你希望，带给你无限的动力，还将给你带来行动的勇气，它能够使你实现自己的理想和目标。

爱伦在他的《思考的人》一书中说：“思想就是物质。”我们把它改为“思想变为物质”。在电话机还没有诞生之前，它是贝尔头脑中的一种想法。收割机在真正变成收割机之前，也是麦克头脑中的一种想法。电灯泡在真正成为电灯泡之前是爱迪生头脑中的一种想法。J.D. 洛克菲勒在口袋里没有一分钱的时候说：“有一天我要变成一个百万富翁。”而他后来确实成了百万富翁。因此，你要意识到生活中得到的东西在成为物质之前，首先它会是你大脑中的一些思想。我们的财政状况首先是一种想法，然后才是一种现实。如果我们想改变自己的财政状况的话，就必须先改变我们的想法。如果我们选择改变自己的内在想法的话，我们的外在状况就一定会发生变化。这是一条法则。当你选择了“我买不起”，你永远也不会得到它；当你以“我是个快乐的穷光蛋”的想法安然自居的时候，你就堵住了自己通往利益与价值的路。选择自己的想法，你可以做到；改变自己的想法，你也可以做到。如果必要的话，在一开始就充分运用你的想象力，你永远都不会为此而感到后悔。你从前认为绝不可能的事情重新地摆在你的面前，你从前认为绝不可能的变化现在出现在你的生活中，可见，你已经获得了一次重生的机会。

这种巨大的选择力量，如果能够运用得当，就能使一个人过上他所向往的生活。这的确令人诧异。有一位年轻人曾经有过一段不可思议的经历，他发现每当他存钱存到70美元的时候，总会发生点什么事情。他会发生车祸、某些意料之外的困难会突然出现……他简直不敢再去存钱。如果这个年轻人继续这种思维，而不运用选择的力量，用另一种方式思考问题，他的一生将逃脱不了这样可怕的难题。

有一个年轻人无论做什么事都完成得很出色，不过，无论他做得再好，却仍然没有赚到一分钱。人们对此都很困惑。他性格好，讨人喜欢，又有抱负，但在金钱方面，他却一年又一年地徒劳着。最后，这个年轻人向人请教问题所在。他不断对人表白：“除了赚钱，什么事我都能干好。”一旦他开始意识到问题所在，知道自己对想法的选择有点儿糟糕的时候，事情就开始发生变化了。他不再说：“除了赚钱我什么事情都能干好。”而是开始说：“我什么事都能干好，包括赚钱。”几年过去了，他的财政开始有了新的变化。赚钱能力日益凸显，人们都说他是一个富翁。这个人本来可能一生都赚不到一点钱，但当他认识到自己的选择是一种错误的选择并且积极地改正时，他的财政状况就已经开始有了新的变化，不断地向前发展。可见，选择的力量能够为你带来一笔可观的财富。

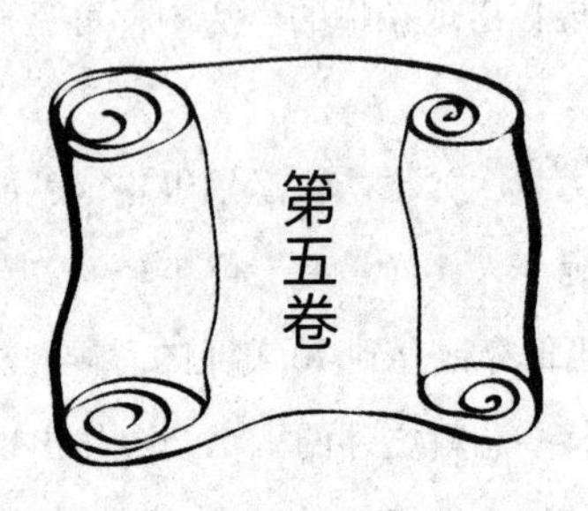

从失败到成功的销售经验

[美] 弗兰克·贝特格　著

我的推荐理由

——戴尔·卡耐基

我在1917年就认识了弗兰克·贝特格（本书的作者）。自幼贫寒的他，从未拿过一份正式的毕业文凭，他仅仅在课堂上学了些基本的知识。而作为一个典型的美国式成功案例，他的人生经历显得极为特殊。

幼小的弗兰克·贝特格失去了父亲，他的母亲却要抚养5个年幼的孩子。为了帮助母亲，11岁的他得在凌晨4点半就跑到街上卖报，因为母亲靠替人缝补浆洗得来的报酬太过微薄了。贝特格先生多次对我提起，在那些难忘的日子里，他们享用不到丰盛的晚餐，只能用些便宜的玉米、蘑菇和脱脂奶来告慰一天的辛劳。

而当贝特格辍学时，他仅仅14岁，做了一个机械师的助手。在18岁这年，他成了一名职业棒球手。在圣路易丝·卡丁内尔斯队打三垒的日子并没有持续多久。在芝加哥，迎战当地出租车队时，他的手臂受了伤，不得不放弃了他的棒球梦想。

回到费城家乡的贝特格，遭遇了一次失败——他的人寿保险推销业绩很糟糕。可在以后的12年里他拥有了大笔财产，包括价值7万美元的不动产，这些足够让他在40岁时就可以安享清闲了。再说说我认识他时的情况——他29岁，已经成为全美国最成功的推销员之一，拿着大笔的薪水。美国商会主办了一个训练班，我建议他在那里开办一个系列讲座，让大家从他的经历中学到点儿经验。

弗兰克·贝特格是训练班中当之无愧的演讲人。在25年的销售生涯中，他完成了40000份人寿保险的合同（平均每天5份）。

他演讲的题目是“一个概念使我的收益和快乐倍增”。我不得不说，这是对“热情”的最好解释，迄今为止，还没有谁能解释得如此有灵性。一个可以扭转境遇的词语，依靠着它，贝特格从失败的边缘攀升为全美国薪酬最高的推销员之一。

诚然，贝特格在第一次演讲时显得有点儿不太适应，总有些结结巴巴的。可他的睿智总是掩埋不住，当我们从俄勒冈的波特兰到佛罗里达的迈阿密时，他的睿智已经让演讲充满了灵性。鉴于听众们着了魔似的热爱，贝特格似乎该写出一本书。我建议他把演讲的内容汇集起来，让他由推销一个产品，变成推销他的经验、技巧甚至是他的人生哲学。

现在你所打开的正是这样一本特别的书。也许你推销的是保险或是鞋子、甚至去推销一艘船，也或者是其他新开发的产品，你都会发现，这本书是如何的体贴，如何的实用。

我极力推荐此书。假设一下，我是一个从事推销的“菜鸟”，我情愿从芝加哥步行到纽约去，只是为了能尽快得到这本书。因为从中汲取营养会让你由此走向成熟。

写作的缘由

——弗兰克·贝特格

我和戴尔·卡耐基的相识极为偶然，只是因为我们坐在同一列火车上。他去田纳西的孟菲斯，在那里有一场演讲。

很幸运，戴尔给了我一个绝好的机会："弗克兰，这是一个由美国商会主办的训练班，你可以去给学员们讲讲销售，我们一起在那儿做场演讲。"

当然，我以为这次直接的邀请仅仅是一次玩笑："戴尔，你知道我的情况，没有拿过一张正式的毕业文凭。你还要我去做什么演讲？"戴尔说："你只是去聊聊你的工作，你是如何摆脱了失败从而走向成功的，你在销售时都做了什么，说说这些就行了。"

戴尔的这番话，也许值得考虑一下，于是，我回答说，"好吧，这样的话，我可以照做。"

随后就是巡回演讲，时间并不长。我和戴尔面对着全美国的听众，他们都那么热情，以至于我们每周似乎都有 3 天在演讲中度过。

戴尔又给了我一个不错的主意，他问我："弗兰克，你干吗不写本书？做销售工作的人需要一本书，可那些关于销售工作的书却还都是一些外行们写的，你知道的，他们从没有一次去推销过什么产品。你干吗不用你的经历告诉别人销售是什么？这该是一本崭新的书。你直接告诉他们，你是怎样把销售做得像现在这么成功；告诉读者你的奋斗经历。这完全不同于讲座，你可以慢慢地去说，让那些读者仔细地听着你的人生经历：一个了不起的推销员。"

我很认真地想过，这种自吹自擂的做法让我接受不了，我拒绝了，"我不想写。"戴尔却又用他的令人信服的话语试图改变一切，他要我相信，我所写的仅仅是讲台上说过的那些东西。

戴尔说："在那些城市里，你的讲座总让小伙子们感到着迷，他们都问我弗兰克·贝特格干吗不把这些写出来？还记得是在盐湖城，就是那个小伙子问的，他打算投资 40 美元，做第一个购买你书的人。他说，这 40 美元就算作对他人生的一次投资，而他因此所获得的收益将远远大于他的投资。”这样的话他说了整整一个下午。

毫无疑问，我被戴尔劝服了，我很快就开始了人生的另一次尝试——做一个著书立说的人。我希望，经过反思过后的文字，可以告诉你们一些东西。比如说，我在人生旅途所犯下的错误以及那些我刚刚意识到的疏漏，我又是如何艰难地拒绝失败与绝望的诱惑。需要告诉你们，刚刚开始推销时，我们都会有些生疏。就像这里所提到的两点：首先，我们一点儿都不清楚自己推销的是什么东西，完全像是在打赌，而赌赢的可能性却只有千分之一；其次，千万别指望有谁一开始就会信任我们。

第一章 ——— 激情，将带来奇迹

一个想法使我的收益和快乐倍增

很遗憾，我没能继续我的职业棒球生涯，仅仅在刚开始，我就遭受了沉重的打击。那是在 1907 年的三州联赛，我正在宾夕法尼亚州的约翰斯顿打球。年轻气盛的我正急切地渴望着成功，可是却被莫名其妙地解雇。幸而，我找到了那个决定解雇我的球队老板，我要问个究竟。如果没有这次询问，我以后的生活就不可能像现在这样，而且也不会有这本书的出现了。

我急切地质问着球队老板。他的回答很直接，因为我懒惰，出现在球场上时总是无精打采，像是一个耗尽热情和精力的老球员。他反问我，如果不是因为懒惰，我的表现怎么会那么糟糕。我并不想这么安静地接受裁决，我辩解了，那些仅仅是因为我太过紧张，胆怯得想钻进人群里。我向老板保证，仅仅需要一段时间的努力，我完全可以不再紧张。我被拒绝了，他说：“那样毫无帮助，在以后的职业生涯里，会拖你的后腿。”

“弗兰克，离开球队并没有什么可怕的，但无论你去哪儿，都要打起精神，让自己的工作充满生气，饱含热情。”

离开了约翰斯顿队，我丢掉了每月175美元的薪金。而我的新岗位——参加大西洋联赛的宾夕法尼亚州切斯特队，只给我提供了25美元的月薪。我尽力去做好每件事，尽管这点儿微薄的薪水实在很难让我拾起热情。在新球队的第三天，队里的老球员丹尼对我说：“弗兰克，你干吗跑到这么低级别的联赛里？”我说：“我也希望能找到更好的活儿，无论哪儿都愿意去。”

仅仅过了一周，丹尼就劝说康涅狄格州的纽黑文队给了我一个试用的机会。这是一个崭新的机会，在我的人生中，将永远得以铭记。联赛中没人熟悉我，当然我再也不必去负担一个懒惰的昨天。我要做联赛中那个最有激情的球员，这绝不是一句玩笑。

充满了能量，我在球场上成了最有活力的球员，这些改变好像从进入联赛的那一刻起，就已经开始了。我掷球飞快，强劲有力，甚至于几乎可以震掉内场接球同伴的手套。那是一次骄阳和酷热统治的比赛，温度足有100度（华氏）。我与对手在较量着机智，他接球失误了，我抓住机会奋力跑向主垒，拿下了关键的一分。害怕中暑就不去努力，肯定不会得到这至关重要的一分。

“激情”带来了奇迹，我至少感觉到了3种改变。

第一，我打得很好，完全出乎想象，而且几乎全部克服了恐惧和紧张。

第二，我用自己的热情感染着其他队员，队员们都成了球场上的“斗牛士”。

第三，在酷热笼罩的球场上，我感觉到了前所未有的畅快。

好事有时也能传播千里，我在第二天早晨的报纸上看到这样的报道："这个新手充满了激情，我们的小伙子们都被点燃了。他们不但赢得了比赛，而且看来比任何时候都好。"这条赫然登载的消息，使我感到非常震惊，我简直成了那个高擎火炬的人了，实际上主导比赛的却是那片壮观的火焰——"激情"。

这家报纸附赠给了我一个小小的礼物——我的新绰号"锐气"，他们更是夸张地任命我为"灵魂"（他们为队里新设的职位）。我很兴奋，以至于慷慨地送出一份礼物，我把报纸剪开寄给那个老板，那个坚决开除我的约翰斯顿的阔佬。我在想象他的表情，看到报纸的时候他该会哭呢？还是摊开双手，无可奈何地笑笑。仅仅3周前，他为自己开除了一个懒惰的球员，可我为这个懒惰的球员赢来了一个崭新的绰号——"锐气"。

当然，我不得不说，我喜欢美元，当月薪从25美元涨到185美元的时候，我异常兴奋。这足足让我的月薪上升700%，只是在10天内。看来这个世界上，真的有一个万能的法师，他就是"激情"。毕竟在炫耀我出众的球技或是某些超强的能力时，我不得不说，在球场上，我长期充当了一个观看别人的"大菜鸟"，因为那时候的我不知道该用热情去驱动比赛。3年内，我从那个让人害怕的"25美元"再到月薪疯长后的纽黑文队，全是拜激情所赐。大概"激情"是唯一拯救我的真神。

但不幸又是那么着急地迈开脚步。两年后的芝加哥，在与当地的"出租车"队比赛中，我遭遇了重创。当时我正在飞快跑动，很利索地接住了对方的一个短打球，很棒的表现，所以我信心满满地加足力量，将球掷出时，胳膊上却突然传来了钻心的疼痛，上帝啊！你又弄折了我的胳膊。大概他老人家认为我该换个行头，可我那充满速度的棒球连同那明亮而宽大的场地啊，再也不是我的舞台了。这确实是一场悲剧，当时的我除了诅咒毫无办法。可现在回过头来，上帝的决定是正确的，这完全是送给我人生旅途的珍贵礼物，只是我一时忘了去看看那个盒子里面装的是什么。

离开了棒球场地，我只能回到费城老家。你很难想象，戴着手套和棒球帽的我，现在要衣着整洁，连衣角都要收拾得棱角分明，为的是一份新工作。我当上了一名收款员，跟那些分期付款购买家具的人们打起交道，我得骑着自行车在街上慢慢转悠，只是为了每天能挣上1美元的辛苦钱。沉闷的日子持续着，甚至让我忘记了去清理草坪上疯长的野树莓。两年之后，我决定做点儿改变，为一家人寿保险公司去游说顾客。我不得不去回忆这段令人沮丧的日子，整整10个月我几乎毫无业绩可言，沉默，漫长，我不知道日子是怎么消磨掉的。也许我根本就不适合推销人寿保险，真的不很擅长跟那些显得挑剔又吝啬的人们打交道。于是我开始翻找招聘广告，从每页报纸的中缝和街头散发的每张招聘单页中，寻找自己适合的岗位。当个船员也不错，我在考虑着下面的行程。可我已经明显感觉到，无论做哪行，我都会恐惧，莫名的又像蔓藤一样蔓延的复杂情绪在左右着我。我需要帮助。于是我去听演讲，戴尔·卡耐基先生的演讲。在现场，轮到我发言时，卡耐基先生却打断了我，说："等一等，等一等，贝特格先生，你的发言怎么连一丝激情都没有呢，这么干巴巴的语言怎么能勾起大家的兴趣呢？"卡耐基先生的语气带有强烈的鼓动性，他在给我讲解"激情"这个词，等讲到激动的时候，他抄起了一把椅子，狠狠地摔在地上，椅子腿从中间折断了。

真是难忘的一夜，我坐在床上想了整整一个小时，迟迟不能入睡，思绪开始飘浮。我又想到了棒球，那些在约翰斯顿队和纽黑文队度过的日子。我渐渐意识到，麻木和懒惰曾经差点毁了我的棒球生涯，而它们现在开始肆意颠覆我的新生活。我得改变，我决定重新拾起那些帮助过我的“激情”，像在纽黑文队打球时那样，重新开始我的推销员工作。毫无疑问，这晚的沉思成了我人生的又一个转折点。

第二天我打的第一个电话，让我兴奋异常。就如我昨晚暗下的决心，电话交谈时我充满了热情，我用“激情”策划了一场速战速决的战斗。遇到这样的热情轰炸，接电话的人大概感到非常意外。在我激情的劝说下，他丝毫没有打断的意思，其实，我很想让他打断我一次，好去问问我：“到底发生了什么，怎么来了这么一个疯狂的家伙。”可是他没有这么做。

面谈的时候，我仔细地注意着他。他挺直了身子，就这样直直地绷紧全身，睁大眼睛，开始仔细询问起人寿保险来。事情就像密西西比河的流水一样顺畅，他没有打断我的介绍，很自然地接受我的推销，给了我一份非常精彩的合同。爱尔·安蒙斯，费城的谷物商，成了我的一位客户。爱尔先生是我的好朋友，更是我最有力的支持者，我们之间的友谊在这次合作后就已经建立起来了。这是一个精彩的开端，从那以后，我开始了真正的推销。“激情”又替我创造了奇迹，我的新工作也像我的棒球生涯一样精彩了。

希望我没有给大家带来这样一种错觉：激情可以在无意间诞生。当然，你要是开始释放内心的激情时，“激情”似乎又那么轻易地来到你的身边。因为经历了这些，每当我走入困境，祈祷激情的来临时，它就会在突然间附着在我的身体上。12 年的推销经历，让我目睹了许多推销员的成功，他们借着激情不断翻新自己的收入，同样也目睹了更多人的黯然离去，缺少热情的人终归一事无成。

不管怎样，我坚信一点，要想推销成功，激情绝不可少。我知道在保险业有一个权威，他写书告诉人们如何才能推销保险，但他却不能把自己的书推销出去，否则他就可以更体面地生活。看来是哪里出了点问题？其实原因很直接，他缺乏热情。我也认识另一个人，一个对保险业所知甚少的人，可他的推销却干得很棒。仅仅 20 年，他就可以在佛罗里达迈阿密海滨过着他的退休生活，悠闲自在的退休生活。可以想见，他的成功并不在于他有多么了解保险行业，而是，他有着无与伦比的热情，他的推销当然也带着巴哈马海滩上所特有的火热激情。

激情是上天的恩赐，还是你自己得来的呢？当然是你用臂膀拥抱而来的。就像那位成功人士，完全可以视为榜样。如同太阳的轮转，他的一天总在激情的工作中度过。在他 20 年的工作生涯中，几乎总是和着晨光默诵着一首诗，这早就是他每天生活的一部分了。我惊奇地发现这首诗竟如此令人振奋，我一遍又一遍地抄录在纸片上，毫不过分地说，共有数百次之多。请记住它的作者：赫伯特·卡夫曼，写下了这篇名为《胜利》的精美篇章。

你曾是一个自豪的人，

一天你获得了极大的成功。

你只想表现，

你的所知，

证明自己的能力。

又过了很多年，你又有了什么新思想，

你又成就了什么伟业？

又是十二个月的好时光，

你将如何享用？

机会、胆量，

你是否又将错过？

为什么没有机会？

你缺乏的是冲动。

是的，你丢失了什么，请牢牢记住它，这首值得你每天吟诵的诗，就这样，你可能会意想不到地攫取成功的花环。

我很好奇，去读了沃尔特·克莱斯勒的自传，果然是个很吸引人的家伙。我把书揣在兜里，一连几星期都是这样。我向上帝发誓，我能熟记里面的每个章节，因为我至少把它前前后后地翻了40遍。在这里，我向所有渴望成功的推销员推荐它。沃尔特·克莱斯勒在书里告诉了我们成功的秘密是什么，无非是那些所谓的能力、职位和权力等等，但他终于把手里的魔术棒指向了“激情”，还是“激情”。他说：“毫无疑问，热情更应该成为激情，我情愿所有的人都激动起来，自己激动了，会使客户的激情也被感染，他也激动了。所以我们也就成交了。”

像热带的病毒，它可以迅速侵袭我们的心房，“激情”是上帝创造的最好的宝物。你就是传染源，让那个听你谈话的人亢奋起来，尽管你不会花言巧语，没有关系，他已经被你征服了。可是，没有了激情，朋友们，你的推销像什么，老天啊，那就像一只湿漉漉的冰冻火鸡，无趣而丑陋。

激情可以被伪装吗？不，这不是简单的外包装，一旦你获得了它，你的心会燃烧起来。即使是安静地躺在客厅的沙发上，毫无声响，可是，在你的内心里，有了一个又一个的崭新想法……你要做的是完善、不断地完善，让它像花朵一样绽放……终于，你知道的，被点燃的你，还会在乎什么呢？所有的困境都不是问题了。

激情，让你抛去恐惧，它把芬芳的桂冠顶在头上带给你，这就是你的，你可以赚更多的钱，去享受更好的人生，健康而富有不就意味着快乐吗？

点燃它，让激情带领你工作，它会告诉你："哦，伙计，现在就开始了，做你自己的国王吧。"对自己说这一切！我们都能做得到。激情，激情，还是激情！

让生活激动起来，就 30 天，你会惊讶起来的，所有的变化都是你曾经不敢奢望的，你一直苦恼的沉闷生活会被彻底打碎。

使我重返推销的想法

我静静地想起过去，确实很吃惊，没有激动人心的伟大事件，我的人生仅仅因为一些小事就改变了。就如我前面所提及的，那是个连惊雷都无法催醒的噩梦，整整 10 个月，沉闷又近乎绝望，人寿保险，天啊，我都不知道这种东西还能有买家吗。所以我辞了职，又一次从早到晚地寻找新机会。还是去当个自由点儿的水手吧，那种工作我知道一些，小的时候我在美国散热器公司干过一阵，总跟船员们打交道，天天给箱子钉好钩子再装船运走。再说，就凭我读的那点儿书，也只好当船员。我很努力地找一份这样的工作，也失败了，很遗憾，今天你们没能听到水手的演讲。

这不是用消沉就能形容的，我甚至有些绝望。也许，我得继续骑着那辆破旧的自行车，再把衣服熨得笔挺，当个只负责收钱的小职员。这个选择还算不错，每周可以挣到 18 美元，困顿的我太需要一顿实在的晚餐了，得重操旧业。

一大早，我就走进保险公司的那间办公室，那里还有我的私人物品。得收拾一下，一切都是乱糟糟的，钢笔、削笔刀等等零七八落地摊在一边。我得赶快收拾好，越快越好，待上几分钟就足够了。公司总裁沃尔特·拉马·塔尔伯特走了进来，他要在办公室的外间召开一个会议，所有的推销员都参加了，我自然没办法离开。从没想到自己落入了如此尴尬的境地。只能坐在那里听着其他推销员的发言，而他们总是说着一些我做不到的事情。也许又是上帝的安排，听听塔尔伯特先生的发言："先生们，你们的工作就是要面对各种各样的'人'。你的能力并不出色，这没有关系，请记住，诚恳地跟他们打交道，每天 5 个人，我相信你的工作会越来越好。"原来就是这么简单，是的，深刻的转变只要简单却直接的一句话。

我猛然一震，他似乎看穿了我的一切。我相信塔尔伯特，他为四通公司工作时只有 8 岁，那家公司的所有部门他都待过，后来几年他又在街头上卖起保险，这是一个深谙销售之道的老家伙。我懂得他的意思。你可以想象，一个在雾霾里待了太久的人，第一眼看见灿烂阳光时的那种兴奋劲儿。塔尔伯特先生为我招来了太阳，我又为自己找到了方向，我要按他的话去做。我对着上帝说："看看！弗兰克·贝特格，有两条腿，他会按着你的安排走出去，每天 5 个人，他们会见识到弗兰克·贝特格的诚意。上帝的安排总是有道理的，为着好日子加把劲！"

这是一年里最后的两个半月，我要为这一年画个完美的句号。我决定给自己留一份记录，记下每个电话推销的情况，每天最少要跟 4 个人面对面谈谈。为了这份记录，我在电话里的交谈越来越有激情，次数也越来越多了。可真正让我觉得繁重的工作倒是每天和那个人的面谈，天天都是如此，确实是一项很充实的工作。我也意识到，其实我真正认真面对的，也就是那么几个“家伙”。

这确实是个很大很圆的句号，短短的两个半月，我拿到了价值51000美元的人寿保险合同。这可比那前面的10个月要多得多。你是知道的，虽然这并不是一个非常出色的业绩，可坚冰破碎，阳光升起的一瞬间，你永远也不会忘记。我再次坚信，塔尔伯特果然是个英明的上司。

这两个半月的时间没有白费，它让我懂得时间是如此珍贵。至于那个毫无效果的电话推销，似乎只是摆设，完全不必要继续了。

有时确实有种被捉弄的感觉，随后的几个月，我又陷入平庸的销售业绩之中，上帝啊，他怎么又让我成了原地踏步的小白鼠。我得停下步子，好好想想清楚。周末的下午，我把自己锁在一间小屋里，在那3个小时里，我不停地追问自己：“到底怎么回事？我的车胎怎么又爆了？”先生们，对自己逼供确实是个不错的法子，我的思路渐渐地清晰了。不得不承认，我又忘记了带着一颗诚恳的心，去面对那些“家伙们”（我的客户）。

“该如何去见他们呢？”我得想清楚，“我是个能走路的家伙，我可以把薪水堆得高高的，因为我天生不会懒惰。”

马上改变起来，我要继续记录，我要把电话推销的数字再次堆积起来。

随后的一年，我照做了。所以，我可以自豪地站在公司门口，用激情渲染起我这一年的经历。其实，我也是那么做的，在这长长的12个月里，我不停地记录，我确实把电话推销的数字堆得很高，当然，所有数字都是精确的，我甚至在计算每天的平均值。来看看吧，我总共打了1849个电话，见了828个人，拿到65份合同。我的回报是

428152 美元，每个电话 2.30 美元。这就是成绩。一年前，我还失望地辞了职，差点儿成了一个自由却贫穷的水手，可现在打一个电话就给我送来 2.30 美元，我甚至都没有跟一些客户见过面。

语言和数字好像都应该忘记了，我只有喜悦。先生们，你们可以想想，你们求婚时突然意识到自己可以成为别人的丈夫时，该有多么鼓舞人心。

不要着急，我还要告诉你们，只是简单的记录，让我的收益发生了变化，知道吗？从 2.30 美元到 19 美元，这是几何数字的增长。也仅仅是记录这些数字，我的成交率在变化：1/29、1/25、1/20、1/10，最后是 1/3。天啊，你们可能要张大了嘴巴，没错，这些变化仅仅发生在一年内，我只是在不断地记录。

通过记录下来的数字，我对我成交的生意做了仔细地统计分析。第一次见面就成交的生意有 40%；46% 的生意是第二次见面时成交的；而在第三次见面以后我只能得到 14% 的生意。我突然发现，我们都犯了一个错误，为了那 14% 的生意我却花了 50% 的时间。我干吗不用所有的时间去抓住那 86% 的生意呢，2.30 美元到 4.27 美元，就这样完成了。

天才不会忘记数字的魅力，没有基本的数字记录和分析，你永远不知道车胎是从哪开始漏气的。幸好，我知道该怎么做了，我开始沉迷于数据，不停地记录和分析。这远比翻那些时尚杂志有趣得多。格雷·W. 哈姆林，他是世界上最有名气的推销员，曾经对我提起过，他失败了三次，才想起去寻找那些神奇的数据。

“伙计，拿起你的棒子，不然怎么击中球。”打棒球的人都知道这句话，当个推销员也应该知道。在棒球队打球时有个队友，史蒂夫·尹文斯，这是个力大无比的家伙。可说实在话，他击球的本事有时还不如小孩子。不可思议，他总是在“等待”，这个坏毛病让其他队友们很头疼，你总要催促他两次，他才会挥开手里的球棒。我清楚地记得，在圣·路易斯的那场比赛，各垒的队友都在急切地渴望拿下比赛。对方投出两个坏球。轮到史蒂夫了，只需要一个球，从史蒂夫手里击出一个球，我们就可赢得这场重要的比赛。史蒂夫在挑选球棒，一根使得最顺手的球棒，然后走到击球区内，站好。同伴们齐声高喊："加油啊史蒂夫！干它一棒！"对方投出了一个平稳的好球，好机会。可史蒂夫紧握着球棒没动。同伴们又喊："打啊，打中这一个。"可史蒂夫还是没动。不知道是怎么了，全场只有他站得那么稳当，可队里只有他能使上劲儿，只要一球就够了！球队的老板在场外着急了起来，"该死的，见鬼，你还在等什么！"几乎是吼了出来，他太着急了。

你得努力去工作了，要知道，推销可能是世界上最容易干的活了。可是，当你一入行就这么想，先生们，它会变成世界上最头疼的职业。

你们都知道，当好医生不那么容易，他要仔细地寻找病因，头痛医头脚痛医脚可不行。我有切身体会，好的推销员总在诊断自己的工作情况。推销不成功就拿不到佣金，再往前一点，你不制订计划就自然不可能推销成功，而要制订计划你就必须跟顾客面对面，关键就是，你要成功地跟顾客会个面，你需要预约成功。一切都紧扣在链条中，起点就是成功预约。

战胜最强大的敌人

干了一年的推销员，我还是拿着很少的报酬，我只能找份兼职，做了斯古斯摩学院棒球队的教练。

意想不到的是，因为这项兼职，我接到了一份请柬，宾夕法尼亚州切斯特里基督教青年会寄给我的。这是一次他们主办的演讲，名字很特别——“干净的语言、干净的电话、干净的运动”，可能是当了教练更了解赛场的缘故，我被邀请了。我知道这是一次很有意义的演讲，所以无法推辞。可是我害怕了。对于一些害羞的先生们而言，在黑压压的人群面前露脸可能并不好受，我们的勇气仅限于躲藏在人群中，做个旁听者，碰到陌生人还会感到脸红。懦弱的性格让我很吃亏，起码生意场上，我会损失很多收入，更谈不上成功了。

第二天，我赶到费城的基督教青年会，想报名练习一下演讲技能。我得找人教教我，怎么样才能控制我的紧张情绪，别在大庭广众下丢脸。感谢教育主管，他答应了我，“你来得正好，跟我来。”穿过长廊，他带我走进一间房子，里面坐满了人。刚刚有人做完演讲，别人正在评论他的表现。我们在后排找了座位坐下，教育主管小声告诉我：“这个训练班专门练习公众场合下的演讲技巧。”很凑巧，刚才来报名时，我纯粹抱着试试看的心理，以前我可从没有见识过这种训练班。我们交谈的时候，又有人站起来做演讲，这也是一个经常在人前紧张的家伙。即便如此，还敢站起来，我被他的勇气所鼓动。“可千万别比他还糟糕，我要声音洪亮、做一次畅快的讲演。”我开始在心里鼓起劲儿来。

演讲的点评人走了过来，在别人的介绍下，我们彼此交谈起来。戴尔·卡耐基，这是他的名字。我说的第一句话就是：“我要参加这个培训班。”他的回答让我有些沮丧：“先生，培训班的课程都上了一多半了。”我没有想放弃的念头：“这没什么，我想马上参与进来，就是现在。”卡耐基先生显得很高兴，他握紧了我的手：“我同意。下一个就由你来讲，加油。”天啊，这个可有些意外，我什么准备都没有，突然又被紧张感拉住了身体，我只好在心里提醒自己：我是来干什么的，我来这里可不是学着躲藏。可此时，我连一句“你好”都说不出来。就这样，我参与了后面的活动。每周都有例会，可以提供系统的训练。

这是发生在30年前的一幕，因为太过激动，我总把它视为生命中的转折。你们是知道的，人的生命总不能永远没有起伏，那样太平淡了。

再说回那件事，我训练了两个月，轮到真正的演讲了。毫无疑问，我可以轻松地说起那些经历，甚至带上了感情，有时忧郁有时又突然让别人感受到我那时的兴奋来。我讲那些在棒球队的事情，讲到我遗憾地退出，甚至还讲了球队里的室友米勒·霍金斯了，用他那些有趣的事情感染着观众。整个演讲就这样结束了，差不多进行了一个半小时。我甚至没有感觉到时间流逝带来的疲倦，二三十个听众跑来要和我握手，他们非常受感动，所以要来感谢我。尽管我知道演讲成功了，可我只是在说着我的那些事情，可能很细小，甚至可以忽略，我真没有想到会取得这么好的效果。

演讲取得成功，我自然会感到高兴。最为关键的是，战胜自己后的自信，要远远超过任何赞美。我甚至将其视作为奇迹，要知道我曾经是一个躲在人群里的“局外人”，可现在却有千百人围坐在一起，聆听我的声音。我花了两个月，就可以跟别人一起分享自己的故事，让自己的喜怒哀乐去感动那些从来都不认识的人。我得感谢这两个月的训练，这是一次巨大的改变。即使我不分昼夜去听别人的演讲，他的言辞再怎么犀利，富有煽动性，这与我又有什么关系呢？我宁愿花上几分钟去尝试着发出自己的声音，这就是我的心得。

所有成功的人永远充满着激情，你可以叫他们“春天”，像泉水一样喷涌着勇气，散发着热情，他们都是自信的人。唯有这样，他们才能把自己的感受告诉别人，而那些听众又如此心悦诚服地聆听。

我们都知道，去扼住胆怯喉咙的最好办法，就是大胆地说话，在人多的地方说。确实如此，自从我感觉到在人群中讲话如鱼得水时，我更愿意与人私下交谈了，克服了羞怯，我总能与别人推心置腹，这种感觉非常美妙。突破自己，会看到精彩的世界，当然，我的职业生涯也向我展开了美妙的图景，我可以做一个非常出色的推销员。

第二章 ——— 技巧不是生活的本真

最重要的推销秘诀

秋天的早晨，天很暖和。我走进费城的一家大型食品店，想见经理约翰·斯科特先生。他的儿子哈里接待了我："我爸爸非常忙，你预约了吗?""没有，你父亲想要点儿材料，他给我们公司打过电话，我过来把材料送给他。"哈里说："那你来的可真不是时候，父亲的办公室正坐着3个人，他们一直在谈着事情……"正说着斯科特先生走了出来，"爸爸，有个人想见您。"斯科特先生发现了我："年轻人，是你想见我吗?"转身就把我带进了办公室。"斯科特先生，我叫贝特格。这是您向我们公司索取的材料。"

"年轻人，这不是我要的材料，我要的是商业文件，你们公司答应给我准备好。"

"很抱歉，斯科特先生，我知道你索要的那几份商业文件，毫不隐讳地说，它们毫无用处，没帮我们公司多卖出一份人寿保险。当然，却给了我机会，我想这是个向您解释保险的绝好机会，不知您能否给我这个机会。”

“我的办公室里还有3个人正等着，我没有多余的时间，你跟我谈人寿保险是浪费大家的时间。年轻人，我已经65岁，几年前我就不再需要买保险了。你懂吗，我在享用那些买过的保险，我的孩子们已经长大了，他们不需要我的照顾了。只有我的妻子和一个女儿，跟我住在一起，不过，就算我有什么不测，她们的钱也足够生活了，生活得非常舒服。”

“斯科特先生，您的事业非常成功，像您这样的人，肯定不会只关注家庭或事业，您会有更多的兴趣，去投资医院，去资助教会，做些慷慨的慈善事业。可您是否想过，当您过世之后，这些因为您才支撑起来的事业，还能正常运转下去吗？”话说到这时，斯科特先生选择了沉默，我看得出来，他在等着我把话说下去，他已经动心了。

“这是为您精心准备的计划，斯科特先生，无论您是否在世，这项计划都会让您资助的事业持续运转下去。从计划实施的那天起，仅需要7年，您就会收到每月5000美元的回报，直到您过世。您可能不需要这笔钱，当然可以自由支配，可当您需要时呢？请您考虑一下，这笔回报足够支撑起您身后的那些事业了。”斯科特先生看了看手表：“如果你能等一会儿，我们可以继续聊一会儿。”过了20分钟，我们的谈话又继续了。

“请问，怎么称呼你？”

“我叫贝特格。”

“贝特格先生，我们刚才谈到慈善事业，确实，我资助了名尼加拉瓜传教士，每年都给他们提供大笔资金，对于虔诚的基督徒来说，没有什么比这个更重要了。按你刚才的说法，只要我接受了你们的保险计划，等我去世后，那3名传教士还可以继续得到资助，是这么回事吗？还有你说到，如果我现在买了保险，7年后，就可以按月收到5000美元的支票，那我需要花多少钱买保险呢？”具体的钱数确实不小，他知道后有些吃惊。“没必要，我没必要花这么多钱。”我没有直接反驳他，这么做无济于事，反而会促使他放弃。

我开始询问那3个传教士的情况，这会勾起他的兴趣。谈起传教士，他兴致勃勃，甚至情绪有些激动。我顺便提到，他们双方是不是会过面，既然没见过，是否还打算去看看呢？他告诉我，有儿子和妻妹在尼加拉瓜，会照应好的，今年秋天他可能会亲自去一趟。你们可以听出来，这些都是很普通的事情，都跟我的保险没有多大的关系。可我还是跟斯科特先生聊着，他又说了许多其他事情，都与那些传教士有关。

是不是觉得，我找到了共同话题，可惜却像野马一样只能漫无目的地奔跑。先生们，耐下性子，听听后面的故事吧。我们兴致很高，到后来我只是诚恳地聆听，直到他叙述完一切，我才开口：“斯科特先生，你去尼加拉瓜，是不是可以带上你儿子，让他的家人都跟着一起去？一同体会您的挚爱，体会家人的温暖。那么您现在做好妥善安排，即使发生什么不测，那些您关心的人还可以得到您的关怀，他们每个月都可以收到支票，再不会让生活陷入窘境。您是不是打算现在就写信告诉那些传教士，让他们知道这个慷慨而温暖的决定？”

当斯科特先生抱怨支出太多时，我就这样跟他说些有趣的事情，最后，斯科特先生买了6672美元的保险。

我走出他的办公室，飞速地跑出去，紧紧地抓住那张6672美元的支票，我才不舍得塞进冰冷的上衣口袋里。太过于兴奋，我把回程走得那么漫长，等回到办公室，我才意识到，平淡的业绩开始终结，噩梦已经过去，我该庆贺一下。这可是公司有史以来最大的一笔生意，是我卖出去的，鬼知道，两年前我还幻想当一名自由的水手。

亢奋填饱了我，我整晚翻来覆去，不想吃饭，也睡不着觉。这是1920年3月3日，那一天，我庆贺自己成了整个费城最快乐的人。

几周后，我在波士顿参加销售会议，还被邀请做了一次演讲。演讲刚刚结束，克雷拉·霍思西克先生，这位几乎长我一辈的著名销售员，上前为我祝贺。和这位有着丰富经验的同行交谈，确实受益匪浅，他跟我聊了一些事，其实是想告诉我与人相处的诀窍，在后来的日子里我总是反复揣摩。对于我的那次创举，他也有所耳闻，很想多知道些："我到现在还在疑惑，你是怎么做到的，你就那么确信可以卖出这样巨额的保险？"

我一时没明白他这句话的含义。

他在向我解释："我们都是做这一行的，推销的秘诀是迎合人们的需要，你先要确定他们需要什么，再去帮助他得到自己想要的，你只要替他指出一个适当的方法。而你刚刚见到斯科特先生，你拿不准他需要什么，然后又偶然发现了，接着，你再帮助他得到了那些想要的东西。你们一直在交谈，你不断提出的那些问题，都迎合了他的需要。假如你能一直'迎合'客户的需求，巧妙地运用这一原则，你的推销会越做越好。"

在波士顿的这3天，我一直在思索霍思西克先生的话。他说得很对，尽管我做到了，可我却一直没弄明白，我是怎么做到的。也就是说，我推销出那笔保险多少带着一些偶然性。感谢霍思西克先生，没有他的指点，我不会清楚那笔生意是怎样成交的，那么稀里糊涂地过下去，我可能还会是一个平庸的推销员。想着霍思西克先生的话，我才意识到以往的推销方式竟是如此僵硬。我只是讨价还价，越想多卖出几份保险，越是像遭遇坚冰一样无法前行。一切的症结就在于，我从没有试着转换立场，替他们多想一想。“为客户考虑”，我又学来了新理念，我真有些等不及，真想尽快去尝试一番。

“为客户考虑”，请记住这句箴言。我开始有意识地贯彻这一理念，并继续了解约翰·斯科特先生，我要做成一个经典的营销案例。

这位先生来到美国时刚满 17 岁，家乡爱尔兰没有给他备下什么财产。他在一家小杂货店干活，靠着自己的双手，创办了美国东部最好的副食商场。这是一位钟爱自己事业的人，事业是他生命的全部。在他的心目中，创立一个百年流芳的企业远胜过任何诱惑。我几乎可以肯定，他一直在担心——这个一手创办的事业，在他身后还能否继续发扬光大。

回到费城，我用了整整一个月的时间，为约翰·斯科特先生准备出了一份计划，按照计划，我选择了斯科特先生的“接班人”：他的儿女和 8 名得力员工，作为企业今后的运作保障，他们与企业紧紧相连。在费城创业俱乐部的午餐会上，望着众多“大佬”，约翰·斯科特先生情绪高昂，即席发表了简短而热情的演讲，谈到那一整套保险计划时，他满脸自豪：“我用一个完美的计划延续着生命，先生们，我最为珍贵的企业和我建立的外国传教团——再也没有后顾之忧了。”

这可是个恰当的场合，我收到了丰厚的回报。那些“大佬”们都来找我，给我送来一打厚厚的合同。他们也需要量身定做的人寿保险，附带完善的财产保险。数额巨大，都足以和斯科特先生的那份相比。我用 8 年的辛劳等来了那一天，而当天的收入就足以超越我前 8 年的收入总和。

又是一个难忘的夜晚，我彻底领教了霍思西克先生的能量，他用一句话改变了我。以前，我只想卖些保险养家糊口，可现在却领悟到推销的真谛：找到人们的需要，帮助他们得到想要的东西——“得为客户考虑。”

我不止一次地描述激情的魔力，以及勇气的可贵，可这时，我却陷入了久久的沉思。还有什么可以比得上霍思西克先生的箴言呢？技巧永远不是生活的本真，我们需要用心体察。

15分钟内销售25万

聆听了克雷拉·霍思西克的销售秘诀，我的激情与日俱增。我认为现在要做的就是去见客户，见得越多越好，销售保险似乎是一件很容易的事。

可好景不长，随后的几个月，我的业绩停滞下来。其实有很多好机会，只是没法把握住，只好陷入困顿。我去出席在费城举行的推销员会议，遇见推销高手爱略特·霍尔。爱略特·霍尔先生早已退休，可这些年，他的销售记录仍高居榜首。我去和霍尔先生攀谈，他告诉我在推销上遭遇失败并不稀奇，他甚至想到过退出。他传授给我新的推销方法，使我茅塞顿开。

再说起他在那次大会上的发言，其实并不那么让人信服。“对顾客不屑一顾”，这种理论太过于奇特，震惊了广大听众。2000多名推销员，都反对其观点。可听了他的解释，与会者又变得激动起来，纷纷赞许。

当知道自己的观点受人排斥，霍尔先生并不试图辩解，他很清楚地意识到：给那些反对者勾个大大的红叉，不会显得自己更为聪明。

只是不停地提问，霍尔先生就达到了自己的目的，反对者们不得不就范，都同意了这个新奇的观点。

推销大师霍尔先生，给我上了意味深长的一课，让我彻底改变了以往的思考方式。他从不做强迫者，不会试图用自己的思考方式来影响别人，提出问题只是为了：帮助他人去明确自己的需要，再帮助他们下定决心，最终达成心愿。

我们一起回忆那次大会的细节。当时最强硬的反对意见之一是，“就算你知道我想要什么，我还没有下定决心去做，你能怎么办呢?”霍尔先生就像狡黠的猎人，恰到好处地击中目标：“我的工作就是帮助你坚定决心，不存在什么无计可施的情况。”

听了上述的对话，一个推销员还是陷入迷惑中：“您的见解很精彩，可是我还得仔细考虑一下。”

霍尔先生紧随其后：“我已经在帮助你考虑这一问题，你大可不必陷入困惑。”

霍尔先生始终在坚持自己的观点，也始终面对着争执，可他巧妙的处置方式，并没有让人丝毫不愉快，仿佛他从没有参加过这场争辩一样。霍尔先生用强有力的态势，非常适当的力度，表明了自己的观点。当你欣然接受时，却不会觉得：他对了，而你却错了。

霍尔先生的推销方法可能就是不断地提问，用这种紧凑的方式帮助客户了解他们的需要。而在从前，我从没有这种经验，我自然应当牢记，以便汲取其中的智慧。

这种令人耳目一新的方法实在是太棒了，我应该试一试，只是，我还得向霍尔先生学习一些细节，真正掌握他那巧妙的提问方式。

谈话后不久，我得到了一次尝试机会。一个朋友打电话告诉我，纽约的制造商正准备购买 25 万美元的人寿保险，有近 10 家大公司的头儿等着我们去报价。他问我对这一机会感不感兴趣。这么千载难逢的机会，我当然感兴趣，我马上请求这位朋友替我安排会面。过了几天我被告知，会面的时间已经被安排好了，就在次日上午10点45分。放下电话，我开始仔细筹划，想一想我该做什么，是不是可以按照霍尔先生的办法，他的那套方法太让人印象深刻了。我开始为这次会面准备一系列问题，希望它们能帮我制造一场华丽的演出。半小时过去了，我所准备的问题仍在原地打转，真是件繁重的工作。必须要让客户知道究竟想要什么，这些问题总要一环套着一环，我还要考虑到客户可能会有其他变数，做好准备。花了将近两个小时，得到14个问题。我仔细琢磨着，先写在笔记本上，再按照逻辑顺序把它们排列出来。

第二天早晨，我乘火车前往纽约，在车上我又一遍遍地琢磨起这些问题。太过投入，以至于当我到达宾夕法尼亚车站时，已激动得无法自持。为了增强自信，我决定冒一个险。我给纽约最大的一家体检中心挂了一个电话，替那些还没见面的客户们安排了一次体检，时间定在11点30分。

秘书小姐接待了我，她开门向总裁通报。我定了定神，站在门外等着。“博思先生，从费城来的贝特格到了，他和您约好的时间是10点45分。”

“是的，让他进来。”这是博思先生的声音。

这是我们的谈话：

我：“博思先生，您好！”

博思先生：“你好，贝特格先生，请坐。贝特格先生，冒昧地告诉你，这次见面只是在浪费时间。”

我：“何以见得？”

博思先生指着他办公桌上一摞文件说：

"纽约所有的大保险公司，都收到了我送呈的人寿保险计划。这其中有家是我朋友开的，我和其中一位老板还是挚友，每个周末都在一起打高尔夫球，他掌管着纽约人寿保险公司，那可是一家不错的大公司。"

我："是的，确实没有公司赶得上他们。"

博思先生："好吧！贝特格先生，情况就是这样，如果你仍坚持，就按我现在的年龄，46 岁，做一个 25 万美元的大概方案，把它寄给我。过几个星期我对比了这些收到的方案，再做进一步的考虑。如果你的方案报价最低，质量又好，那么你就得到这笔生意了。不过我想你是在浪费自己的时间，也是在浪费我的时间。"

我："博思先生，干过这行的人都知道真相，就像对待我的亲兄弟一样，我告诉您一些真话。"

博思先生："说吧。"

我："我是做保险这一行的，如果您是我的亲兄弟，我会直接让您把那些所谓的方案，打成碎片扔进废纸篓里去。"

博思先生："你这话什么意思？"

我："要想准确解释那些方案，您就需要成为一名保险统计员，而成为一名保险统计员要花上 7 年的时间，您可以说毫无解释权。您现在可以选择一家价格低廉的保险公司，可只需要 5 年，这家公司就有可能变成价格最高的一家公司。商业界向来如此。再说下一条，毫无疑问，您所选的公司都是世界上最好的公司，把这些公司的方案摊开放在办公桌上，闭上眼睛，随便拿起一份，似乎都是价格低廉的，您花上几个星期精心选择，其结果也几乎没什么区别。博思先生，我的工作就是帮助您做出最后的选择。为了帮助您做出这样的选择，我必须问您一些问题，您觉得可以吗？”

博思先生：“好吧！那就问吧。”

我：“换句话说，那些公司在您活着的时候，会非常信任您，可万一您去世了，他们还会像对待您一样对待您的公司吗？您看是不是这样？”

博思先生：“对，我想这是个问题。”

我：“那么可以这样说，当您购买了这项保险，您就把危险转移到了保险公司一方？确信这一点很重要，甚至是最重要的一点。设想一下，当您半夜醒来，突然想到火险已经在昨天就到期了，您的农场里的大片作物就快不受保护了，您说什么再也睡不着了。第二天起床的第一件事，是不是会立即打电话继续购买保险，让您的保险经纪人继续保护它们？”

博思先生：“当然了！”

我：“同农场中的作物一样，我们自己的安全也需要得到保障，难道您不觉得该买一份人寿保险，好把风险降到最低程度吗？”

博思先生：“这我还没仔细想过，我会去买一份的。”

我：“如果您没有买这样的人寿保险，您难道不觉得，随时存在的风险会让您损失大笔的钱财，您在生意上的收益还能得到保障吗？”

博思先生：“你说的是什么意思？”

我：“今天早上，我跟纽约的著名医生卡克雷勒预约过了，为您安排一次全身体检。您是知道的，他所出具的体检结果可以得到所有保险公司的认可。他诊所里的先进仪器应有尽有，当然名声显赫。”

博思先生：“其他保险公司不能安排这样的体检吗？”

我：“今天早晨他们是不行了。博思先生，请您尽快确认，这次体检至关重要。设想一下，您今天下午给那些保险代理人打电话，让他们给您安排体检。首先，他们会给朋友打个电话，请来一位普通医生。在您办公室里做第一次检查，就算检查结果当晚就寄给一位主管医生，他们第二天早晨才能确知检查结果。当意识到这一检查结果价值25万美元时，他们还要安排第二次权威性的检查，当然，还未必有那些先进仪器，这样一天天地拖延，您觉得有必要吗？干吗要这样拖延，哪怕拖延一天呢？”

博思先生：“我还是再考虑一下吧！”

我：“还要考虑到，假如您明天早晨得了感冒，休息完一个星期，等痊愈后去做那次冗长的检查，保险公司可能还会说：博思先生，您现在的身体没事了，不过考虑到您之前的病史，我们还要观察您三四个月，确定您的病是急性还是慢性的。这就意味着您还得拖下去，直到最后的检查完成。博思先生，我说的事情随时会发生。”

博思先生：“是的，经常会发生。”

我：“博思先生，现在是11点10分，我们立即动身，还能赶上和卡克雷勒先生的预约。您看上去很健康，如果体检也没什么问题，您所购买的保险将在24小时后生效。我相信您一定满意这样的安排。”

博思先生：“我现在感觉好极了。”

我：“难道您不需要这次至关重要的体检吗？”

博思先生：“贝特格先生，您为谁服务？”

我：“当然是您了！”

博思先生昂起头，点燃一支烟，从办公桌旁起身，走到衣帽架旁拿起帽子说道：“咱们走吧！”

我们赶到了卡克雷勒医生的诊所。在体检顺利地完成之后，我们成了朋友，博思先生极力邀请我共进晚餐。进餐时，他看着我，笑着问道：“你是哪家公司的？”

市场销售的惯常原则

善于分析工作，会帮你摆脱困惑。我知道你在想些什么，你一遍一遍地对自己说："那些窍门可能是对卖保险的有用，对我有什么用处呢？我可不知道该怎么用。"先生们，其实有一点可以确定，无论你卖些什么，步骤总是一样。不管你是在卖鞋子，还是卖那些庞大的轮船，哪怕就是卖一份火险合同，你都得按照下面的方法去做：

1. 预约

安排一场让人充满期望的约见，在心里暗下决心，一定要争取更多的利益。预约时，要告诉对方你很欣赏他的价值取向，用巧妙的暗示去影响对方，让他在不知不觉中开始看重这场约见。提前预约极其重要，我如果未经预约就去纽约，肯定一无所获。

2. 精心准备

你被邀请参加商业会议，要求在业内的大小人物面前，当然还要面对其他人士，发表演讲。作为报酬，他们每人要付给你100美元，你该怎么做呢？毫无疑问，你要花上几个小时来准备，仔细筹划一下演讲内容。这样郑重其事，原因何在？因为你明白，你要面对大阵势，足有三四百听众。可我要提醒你，三四百听众和一个听众没什么不同。你可以把三四百人当作一个人看待，也可以把一个人当作三四百人看待。所以，你和客户的每次见面都应该要精心准备一番，要把每次的商业约见都当成一桩大事。

还是说那次纽约之行吧，当朋友打电话给我，得知与博思先生的约会已经安排妥当时，我在办公桌前呆坐了差不多30分钟，脑子里一片空白，实在想不出该对博思先生说些什么？我甚至打算，实在太累就在去纽约的火车上再想吧，这些都是明天早晨的事。可另一个声音却说：“现在不想，明天早晨也许还是什么都没有，现在就该着手准备。如果毫无准备地去，你也就毫无所得。既然已经约好了博思先生，就要把握好机会，现在就开始准备，一定会取得胜利。”

问题想出来了。“见面时，他会最看重什么？”“答案不难猜。一定是贷款——博思先生肯定有贷款。债权人坚持要他买人寿保险，但是对于他而言，人寿保险真的那么重要吗？他是不是在冒险？”

有了这个基本想法，我找到了一切问题的基石，立即开始准备。

3. 什么最重要

博思先生对什么最感兴趣？或者说，这些问题中，他更倾向于认为哪一个最有价值？

我能准确地知道问题的答案，当然能够确保胜出，这就是我击败10家大公司的原因。

那天在与博思先生共进晚餐时，他对我说：“我想，那些做保险的朋友肯定大吃一惊。他们每个都缠了我几个星期，都试图告诉我，只有自己提出的价格是最合理的。而你并没有围着我转，可你知道我想要什么，你的话让我意识到了危险，继续等待下去，风险更大。如果在这顿饭之前，我还没有去体检，这简直是愚蠢至极。”

卖出这份保险的同时，我给自己上了一课：别太追究细枝末叶，问题太多会掩盖住关键点的，要直奔主题。

4. 关键点

当你在跟客户商谈要事时，不论是面对面或者只是打着电话，你只要能做到以下几点，就一定是个不寻常的人。

（1）牢记要点。

（2）谈话抓住重点，逻辑清楚。

（3）简明扼要，不脱离主题。

在去见博思先生的路上，我一遍又一遍地琢磨那几个要点，直到准确记住所有内容，甚至考虑到很多细节，我还要把握好说话技巧。充分的准备给了我自信。会谈中，我心里一直牢记事先确定的要点，从没动手翻阅那些事先记录的要点。当然，真要是记得不太牢靠，我还会毫不犹豫地拿出记录本，生疏点儿也好过漫无目的。

5. 提问

为了与博思先生会面，我准备了 14 个问题，可实际上我只用到了 11 个。15 分钟的会谈，完全是由提问和回答完成的。如何提问题至关重要，这将决定销售的成败。

6. 突破点

要让客户感到吃惊，很多时候，我们需要提醒他们去关注那些自身利益。需要说清楚一点，如果你没有实在的东西，请尽量不要这样做，仅仅依靠奇特的概念，你不可能达到目的。

在与博思先生会谈时，我说："您知道我是干保险这一行的，如果您是我的亲兄弟，我会直接让您把那些所谓的方案，打成碎片扔到废纸篓里。"

7. 让客户担心

只有两项基本的要素可以驱使人们。一是渴望得到；二是担心失去。广告界的人告诉我们，这些忧虑越是具有危险色彩，就越具有无穷的活力。和博思先生的全部谈话都建立在一个基石上：他在冒险，担心失去 25 万美元的贷款。

8. 建立信心

如果你非常诚恳，可以有很多方式在陌生人面前建立自信。只是需要遵循四条原则。

（1）成为客户的助手。

在准备和博思先生的会面时，我转变了自己的角色，把自己设想成他麾下的一名职员，专门负责公司的保险事宜。在这种情境下，我用自己的保险知识，有针对性地去帮助博思先生弄清缘由。这一转变，打消了那些因为陌生所带来的紧张以及疑虑，在谈话中我始终投入激情。几年来，我在销售中一直扮演客户助手的角色，这种积极的态度使我受益匪浅。我非常愿意与你们分享这一奥秘，让销售员成为顾客的助手，这样一来，人们自然愿意购买你的东西。

（2）“就像对待我的亲兄弟一样，我告诉您一些真话……”

如果你有很强的自信，你就会毫不犹豫地使用这一原则。这就是那天我对博思先生一开始说的。当我平静地看着他说出了这寥寥数语，接着就等待他的回话，正如所期待的，他的回答是：“请说吧。”

（3）夸赞你的竞争对手。

“如果不能夸奖别人，那就不要讲别人的坏话”，这永远是销售中的一条原则。遵循这一原则，你可以用最快的速度获得客户信任。记住，尽量说别人的好处。当博斯先生提及他挚友所掌管的公司——纽约人寿保险公司，并且夸赞起来的时候，我马上说：“那可是一家不错的大公司。”好，还是回到正题上来。

（4）“我现在为您干的事别人都干不了。”

这是在销售中很有效的一句话。这句直截了当的话，会有惊人的效果。举个例子吧！

我和戴尔·卡耐基先生乘火车前往艾奥瓦州演讲，一位叫拉塞尔·雷文尼的商会会员（他也是我们学校的资助者）前来道别。他说：“你的一句话帮我卖出了一货车的油。”我有些好奇，愿闻其详：“什么话？”

昨天，拉塞尔给一个客户打了电话："我今天为您干的事别人都干不了。""什么事?"客户吃惊地问道。拉塞尔说："我可以给您弄一货车的油。"

"我不要！"

"为什么不要?"

"我没地方存放。"

"先生，就像对待我的亲兄弟，我得说，给您弄一货车油，是件多大的好事。"

"到底怎么回事?"

"您先买下这车油，很快就会出现油料供应短缺了，以后再想要也没有了，到那时您就知道现在的价格有多优惠。"

"是那样，但我确实没地方存放。"

"您可以租个地方吗?"

"不，我还是不想买。"

就在当天，拉塞尔回到办公室，那位先生已经打过电话还留了言。拉塞尔马上回电，客户在电话里说："拉塞尔，我租了一个旧加油站，可以存放一货车油，你快点儿把那车油卖给我吧。"

9. 真诚赞许客户的能力

每个人都喜欢被重视，每个人都渴望被夸奖，他们渴望真诚的赞许。记住，赞许是发自内心的，千万不能做得过分。当我告诉博思先生："当您活着的时候，那些保险公司信任您；可您去世了，他们不会像信任您一样，去信任您的公司了，我说得对吗?"

10. 尝试先斩后奏

你可以先斩再奏，替客户提前做些决定，但有一个前提，你要保证全局的稳定。在我还没把保险卖给博思先生的时候，就替他预约了卡雷勒医生……这次体检就是一次赌博，可我把宝押在自己的控制范围内。

11. 会谈时使用“您”这个字眼

在做成了博思先生那单生意后，我又花了几年更仔细地推敲销售原则。我分析了那次 15 分钟的推销过程，我前后 69 次用“您”和“您的”字眼称呼他。我也记不起自己怎么开始这样做的，这方法确实行之有效。请记住，在使用“您”这个字眼时应当做到：从对方的视角去看问题，迎合他的需要。

您不想这样试试吗？把上次推销时的谈话写下来，再把那些“你”“你的”这些字眼换成“您”“您的”，再去尝试一次。

用提问来提升你的销售

我的思维开始活跃，正在进行一场革命性的改变。以前，我的年销售目标是 25 万美元，只想通过艰苦而细致的工作去达成。可结果是，做成博思先生的那笔生意，我就完成了年销售目标，只用了一天，真是太棒了！一个星期之前距离目标还那么遥远，可现在我已经卖出 100 万美元了。一切都让自己觉得那么不可思议，但这都是真事。

就这么胡乱地想着，让我在回费城的火车上坐立不安。一遍遍地重复着和博思先生的对话，满脑子都是“销售”。我想找个座位，把这些令人着魔的感想用笔写下来。车厢里挤满了人，我努力寻找着，直到把这些奇思妙想誊写在纸面上。

“如果我没有遇见爱略特 · 霍尔先生，没有学会用这一系列巧妙的提问来推销保险，这次可能就无功而返了，就如几天前一样，纽约的生意依旧与我毫无干系。”

我意识到：毫无技巧地推销，不会借助这些睿智的提问，不出分钟我就被踢出门了。关键在于，在谈话过程中，我始终把握住方向，让博思先生处于购买者的位置，把我的主意糅合在那些精心准备的问题之中。我尽最大可能去争取主动，而不是无谓的抱怨，这才获得了成功。想想这次精彩的谈判吧，每当他有任何疑惑，我就立即回以精巧的问题，直到他最后说出“走吧！”我已经确定博思先生被我的主意“俘虏”了。

几天后，我通过朋友给一位年轻的建筑师发函。虽然年轻，这位建筑师已经做了好几个重大项目，他的事务所被本城人寄予厚望。

那位年轻的建筑师优雅地回复我：“如果按信中所说，仅仅是为贵公司推介保险，那么我就丝毫不感兴趣。一个月前我就买过许多保险了。”

他的言语中带着不可更改的决绝，我感到此人极为固执，却还是希望进一步了解他。我开始了精巧的提问。

“爱伦先生，您什么时候踏足建筑业？”

我耐心地听着他的回答，足足花了 3 个小时。女秘书拿来几张支票让他签名，在离开时一言未发地把我打量一番。而我只是平静地看着爱伦先生。

在离开时，我已经知晓，对他而言何谓希望，也懂得了他所不懈努力而建立起来的事业。在随后的面谈中他说道：“我说了很多秘密以至于自己都很费解，要知道，我妻子都没你知道得清楚。”

相信那天，我让爱伦发现了从未认识的东西，他没有真正走进自己的内心，也没有透彻地了解那个真实的自我。

感谢爱伦先生的信任，我开始仔细研究，以便尽快告诉他结果。

两周后我拿出了一份保险计划和两份相关文件。正值平安夜，下午4点我动身离开了公司，给爱伦先生送去10万美元的保险合同，此外，还有给副总裁准备的10万美元合同，行政总监也没有被忘记，他的保险金额是25万美元。

我和爱伦先生成了挚友，我们在10年里做了75万美元的生意。

我不是在推销东西，而是他们总在主动购买，这就是我此时的感觉。在接触爱略特·霍尔先生之前，我总在顾客面前充当一部强势的“百科全书”，好像什么都知道似的，而面对爱伦先生和他的同事们，我已经变成引导者，引导他们去回答我的问题。

25年以来，我发现用问题去引导对方总是更有效果，不必试图控制他人的思维。我深刻地理解了霍尔先生的思想。实际上，150年前，在费城，就已经有位伟人做过详细的论述，他就是本杰明·富兰克林。

读过富兰克林的著作，你会吃惊地发现，年轻时的他并不让人可敬，他树敌众多。他总与别人争论，又独断地试图支配他人。当富兰克林认识到这些，就开始研究苏格拉底的提问法，把它发扬光大并不断实践。富兰克林终于掌握了领导艺术，他在引导别人，站在对方的立场上去不断提问，不再激烈地与人相争，最终，令对方信服。

这一方法简便可行，我开始把它应用于销售，效果立竿见影。

回忆过去，我会为“我不能同意，因为……”这样僵硬的语句而感到脸红。不如换成“你干吗不想想”之类的话，避免去刻意支配他人。我们要用言语表明自己的立场——“我们不用过多的对立，可以多问些问题”。这就已经开始替别人着想了。其实我们还能说得更完美点儿：“你不认为我们该避免对立，多问些问题吗？”

提问时应注意以下两点：

第一，让对方知道你所想的。

第二，问及对方的观点时要尊敬。

一位著名的教育家告诉我，学校教育中最重要的事情就是：明确提问的态度、合理表达意愿，以及掌握应变能力以应对突发事件。

我没有条件上大学，但我知道，恰当地提问可以帮助人们思考。在实际生活中，也应该提出切合实际的问题。

提问中应注意的 6 点：

第一，无须争论；

第二，不要喋喋不休；

第三，帮助对方明确需求，再确定路径；

第四，帮助对方理清思路，让他接受你的想法；

第五，找到销售时的突破口；

第六，让对方的观点受到重视，对方会更尊重你。

走出校门后最重要的事情之一是要学会提问题，有能力处理偶然事件。

发现被隐藏的原因

我保留了 5000 多个销售谈话记录，用以探究销售成败的缘由。我发现，62% 的顾客并不会说出拒绝购买的真正原因，只有 38% 的顾客才会告诉你。

人们在其他方面诚实可信，却不愿意坦诚地面对推销。原因何在？很长时间之后，我才解决了这一疑惑。

作为历史上最精明的商人之一，已故的皮耶蓬特 · 摩根勋爵曾经说过：“人们做事的动机有两条，一条只是为了好听，而另一条才是真实的。”我保存了数年的记录，明白无误地证实了这点。几年来我不断测试，力图找到途径以辨别真伪。其实，这是一句简单的日常用语——“除……之外”，却有惊奇的魔力，并不是金钱所能媲美的。我来说说该如何使用吧。

几年来，我一直试图与一家大型地毯厂签订商业保险合同。3位创办人中，两人观念新潮，而很落伍的那个人上了年纪还有点聋。每当我提及保险，他的听力似乎就会变坏，一句也听不进去。

一天，我吃早饭时翻着报纸，突然看到这位老人去世的消息。

看完这条消息，我的第一反应是，卖保险的机会来了。

几天后，我打电话约见厂长，之前我们也谈过这桩生意。当我应约来到他的办公室时，发现他并不像以前那样高兴。

等我坐下来，他说话了：“我想你是来谈那笔商业保险生意的。”

我轻轻笑了笑。

可他毫无笑容：“我们绝不会买你说的保险。”语气决绝。

“那能不能告诉我原因？”

他解释说：“购买这种保险，我们每年需要支付8000~10000美元。可我们出现亏损，财政赤字严重。所以，我们决定在财政状况好转之前，不再多花一分钱。”

经过几分钟的沉默，我说：“让你如此犹豫不决呢？换句话说，是不是还有什么其他原因？”

他听了我的话露出了笑容：“是还有点儿别的原因。”

“你能告诉我吗？”

“我有两个儿子需要照顾，他们爱这个厂，大学毕业后就在这里上班，从早晨8点干到下午5点。我不会傻到把利润都给保险公司，那样，我死后，两个儿子怎么办呢？”

对我而言，这笔生意的实际价值是3860美元。既然知道了真正原因，机会也就来了。我首先强调这份保险的重要性，接下来重新制订一份计划，把他的两个儿子考虑在内。这份保险计划让我们皆大欢喜，无论发生什么不测，他们的财产都不会流失。

得到回答后，我为什么还要追问他呢？我在怀疑吗？不，一点儿也不。第一个原因符合逻辑也很真实，我完全相信。但多年的经验告诉我，一定还有其他原因，这得益于我保存的那些珍贵记录。另外我养成了提问的习惯，追问顾客就像是例行公事，而这种发问方式又从没有招至反感。

既然探知对方的真正原因，我们该做些什么呢？不妨举个例子。我与两个朋友共进午餐。一位是费城桑托斯化学公司的经理，另一位是费城的房地产商。席间，他们提及，有位大老板——电器生产商唐·林德赛想买保险，保险金额大约是5到10万美元。他们建议我去试试。

第二天10点，我来到这个大老板的办公室，向秘书说明来意后，我被引见给林德塞先生。然而林德塞先生却一脸不悦。

我待了一会儿，见他一言不发，只得说："林德塞先生，有两位朋友说您要买人寿保险，所以我来看看。"

"你在说什么？"他的声音突然大起来。我想差不多整条街都听得见。"你是两天来他们送来的第五个了，他们是不是在开玩笑？"

听了这些话，我很震惊，又想大笑。可看着林德塞先生生气的样子，我没敢笑出来，只是说："您对我那两位朋友说了什么，让他们产生误解？"

"我说我决不会买任何一种保险，我根本就不相信这个。"林德塞先生还是大声喊叫着。

“您是个非常成功的商人，”我说道，“您这么决定肯定有非常充分的理由，如果不介意的话，您能告诉我为什么吗？”

听我这么一说，林德赛先生不再那么生气了，声音也放低了：“好吧，我告诉你，我现在赚的钱足够多了，即使有什么不测，我妻子和女儿也并不会缺钱用。”

我考虑着他的话，接着说：“除此之外，林德赛先生，还有没有其他原因呢？”

林德塞先生很肯定：“没有了，那是唯一的原因，这还不够吗？”

“我可以问您一个私人问题吗？”

“说吧。”

“您有负债吗？”

“我谁的钱都不欠。”

“如果您有负债，是不是就会考虑买份保险，以除隐忧呢？”

“我会考虑的。”

“如果您今天不幸去世了，联邦政府就会用您的不动产去抵押。按照联邦法律，您的家人在得到遗产之前，先要交给联邦政府一大笔遗产税。”

这天，林德赛先生买了他平生的第一份保险。

第二天共进午餐时，我把这个消息告诉了两位朋友。他们十分吃惊，始终无法相信这一事实。

“除此之外，是不是还有其他的原因呢？”这句简单的话语会舒缓大家的心情，再僵持的局面也会被打破。举一个不寻常的例子。某天早晨，一位年轻人咨询我。事情比较复杂：两年前，他的公司莫名其妙地失去了当地最大的客户，纽约总部的一位副总裁过来调查原因，可是毫无头绪。

“我一年前进入这家公司。”这个看起来很精明的年轻人说，“一进公司，上级就让我拉回这位客户。一年内，无论我怎么打电话，都毫无起色。”

我询问了那个客户的情况，特别是最近的一些谈话。

他说：“就在今天早晨，我又去见了他们的总裁，希望继续合作，但是他没有任何反应。经过长时间的沉默，我不得不窘迫地离开。”

我建议他立刻回去，告诉那位总裁，这次是公司总部派遣的。我帮他筹划好会谈内容，并嘱咐他尽快告诉我结果。

下午，年轻人激动地打来电话，几乎说不出话：“我现在能见你吗？我拿到订单了，所有的问题都解决了。公司总裁今晚就飞来。”

我和那个年轻人一样激动：“快过来，告诉我一切。”

请听听他的经历：

一切都那么简单，简直难以置信。当我走进那家公司的办公室时，总裁吃惊地看着我。

“总裁先生，早上我离开您的办公室后，接到公司总部的指示，要我立即再来见您，为什么会失去您这样的重要客户，我要弄清楚一切细节。我们公司相信，您肯定有充足的理由拒绝与我们合作，我们公司里肯定有些人做错了什么。您能告诉我这一切吗？”

“告诉过你了。其他公司提供了更优惠的条件，我们已经和他们合作，不准备更改了。”

“总裁先生，除此之外还有其他什么原因吗？如果有，请您告诉我，即便是我们无法做到的，您也会因为自己的宽宏大量而感到欣慰。如果您能尽弃前嫌，给我们一个机会，我们一定让您满意。”

“好吧，让我告诉你。你们公司不再提供特殊优惠，甚至连个招呼也不打，让我怎么跟你们合作？”

该不该将此事列为范例？我犹豫了许久，也许读者会把这个例子当成阴谋诡计，尽管不是我的初衷。我不会使用诡计，因为诡计经不起时间的考验。我确信，忠诚不会被取代。

被遗忘的艺术——销售中的魔术

和戴尔·卡耐基先生在全美国巡回演讲时，我们以每周5场的频率接纳了数以千万计的听众。这些人来自各行各业，有速记员、教师、经理、家庭主妇、律师、推销员。他们都有一个共同的期盼，希望能提升自己的交际能力。对于从没有做过演说的我来说，这是一次让人兴奋的冒险。演讲结束后，我回到家中，急需做两件事：第一，继续销售保险；第二，诉说我的激动心情。

我打电话约别人聊天。第一位听众是费城牛奶公司的总裁，曾经和我做过一笔小生意。当落座时，他递给我一支香烟："弗兰克，讲讲你的巡回演讲吧！"

"当然，"我说，"不过我更想听你说说，近来忙些什么？家人都好吗？生意怎样？"

他开始聊起了家里人，也聊了他的生意。他说，前一天晚上，和妻子约了一帮朋友打牌，玩的是"红狗"（一种玩法的俗称）。我以前从没有听过这种玩法，听着他的解释，我也乐了，那真的很有趣。说起来，我的初衷是找个听众，跟他说说巡回演讲的事。

在我起身要离开时，他说："弗兰克，我们正打算替工厂管理人员购买保险，28000美元够吗？"

虽然没有机会讲自己的事，我却得到了一份订单，其他推销员都没来得及拿到。

这是记忆深刻的一堂课，它告诉我当好一名听众该有多重要。做一个真诚的听众，急切得想听他说话，这样做了，你的推销就会水到渠成。

试着在别人说话时直视着他，表现出自己的浓厚兴趣（即便那个人是你妻子），你就会看到神奇的结果！

其实这个方法并不新奇。两千年前，西塞罗就说过："沉默中有艺术，雄辩中也有。"但是"沉默"的艺术总被遗忘，因为好听众实在太少。

一个大型机构最近指出（主要面向推销员）：

看电影时，你注意一下男主角如何聆听他人讲话。一位名演员，首先是一个精明的听众。同样，想成为出类拔萃的演讲者，你的演讲效果就要像镜子一样反映在听众的脸上。一位著名的电影导演说过，许多演员没有成为明星，就因为他们没有掌握"聆听"的艺术。

只有演员和推销员们需要掌握"聆听"的艺术吗？其他人都不需要吗？你是否注意过，你说的话并没有给听众留下什么印象。很多次，他们只是听听，并没有用心。聆听者的注意力为零，说话的效果当然也就等于零了。所以我就告诉自己："下次和别人说话，如果对方不注意听讲，就别再说了。"我的确这么做了。

人们把交谈当成礼节，容忍了那些糟糕的听众。大多数情况下，聆听别人说话时，人们都想着自己的事，他们也想发言。当然，不会注意你的谈话，除非你说的内容可以引起他们的共鸣。

一位推销员曾带我去见过弗朗西斯·奥尼尔先生。这位造纸业的头面人物，从推销纸张起步，经过不懈的努力成了纸张批发商，又开办了自己的造纸厂。他受人尊敬，也很少讲话。

相互介绍后，我们开始谈正事。我向他讲解地产、生意以及税收之间的关系，虽然我在说他的事，可他看都不看我。我观察不到他的脸部反应，无从判断他是否认真听讲。谈话刚开始 3 分钟，我停了下来，这似乎是一种窘迫的沉默。我将身体靠在椅背上等着。

对那个陪同的推销员而言，这段时间太过漫长，他如坐针毡。因为怕我触怒这样重要的人物，他想打破僵局。见此情形我真恨不得在桌下踢他一脚，向他摇头示意，万幸，他懂了我的意思，没再继续说下去。

持续的沉默，让那位总裁抬起头。我正舒服地仰靠在椅背上，等着他继续说话。

我们对视着，都希望对方开口。奥尼尔先生首先打破了僵局（只要你够耐心，对方会打破僵局的）。不善谈吐的他，说了足有半个小时。这个时候，我尽量不插嘴只是让他去说。事后，那个推销员告诉我，他从没有见过这样的场面，简直没法理解。

轮到我了。“奥尼尔先生，作为一位成功的人士，您说的重要信息很具思想性。我来此是为了替您解决问题。可您告诉我，为了解决这些问题您已经花了两年时间。尽管存在困难，我还是希望能协助您，下次再来的时候，我一定带些新想法。”

这次见面，开端很糟糕，结局却令人满意。转变的奥秘何在，其实并不复杂，我只是让奥尼尔先生说出了他的难处，而我一直仔细聆听，并借助一些有针对性的问题，了解了事情的全貌，确定他需要什么。我完成了一笔大生意。

我们应该这样祷告：“主啊，请让嘴巴不再喋喋不休！让我知道该说些什么，再去开口……阿门。”经验告诉我，在谈话开始可以自由地交谈。可涉及实质问题时，则要注意对方是否用心。与人交谈，一旦发现对方并不用心倾听，就应该立即打住，不管正在说多重要的话。不要忘记，大多数人都有要说的欲望，不如给他机会，限定一个范围，我们就能了解他们。

我们都讨厌耍小聪明的人，他们总喜欢打断别人，随意插话。往往不等你说完，他们就毫无顾忌地发言，指出你的错误，为什么错，还会在你弄清楚之前就忙着纠正你。遇到这种人，你恼火地恨不得揍他一顿。即使他是对的，你也不愿意接受。

碰到这类推销员，人们都会说些假话把他支走，宁愿多走几步路多花点儿钱，去买别人的东西。

本杰明·富兰克林年轻时相当聪明。起初他总是想教导人们，给别人指出错误，以致人们都对他敬而远之。所幸，教友会的朋友给他指了出来。半个世纪后（他 79 岁），他在那本著名的自传里写了如下的话："总而言之，在言谈中，耳朵会比嘴巴更有用，沉默是种美德，我坚守沉默。"

你做得到吗？你是否时常反思自己的言论，想想自己在不在全神贯注地聆听呢？拿我来说，如果没有认真倾听别人的谈话，就会陷入混乱，常常就此做出错误的决定。

的确，你全神贯注地聆听，会让对方说出真实的想法，让自己了解一切。我和朋友去一位富商那儿谈生意。上午 11 点开始，过了整整 6 个小时，大脑都几乎要麻木了。当我们走出他的办公室，来到咖啡馆里放松的时候，朋友极力夸奖我，夸张地说就好像只谈了 5 分钟。他很满意我的措辞方式。

第二次谈判定在下午 2 点钟，一直谈到 6 点，幸亏富商的司机来提醒，否则还要谈得更晚。

这次谈判，谈我们的计划只用了半个小时，却有 9 个小时在听他的发迹史。他讲自己从无到有的艰辛，在年届50时失去了一切的绝望，而后东山再起时的坚韧。他把自己想说的事都对我们讲了，讲到最后他非常动情。

很显然，多数人用嘴代替了耳朵。这次我们只是用心去听，用心去感受。富商给他年届50的儿女投了人寿保险，也给他的生意投了10万美元的保险。

一位著名的牧师曾说过："推销员需要聆听，牧师也是如此。从事一项原则性的工作就要倾听人们的心声。"

这是一位牧师的故事：

那位女士坐在我对面，讲自己感兴趣的事，语速很快，她毫不理睬我的谈话。我知道，她讲的真不精彩。我只是在听，断断续续地听完后，她说："感谢您的巨大帮助。您太好了，充满了同情心。"

这位牧师说："虽然我说的话没起到作用，可我还是分担了她的孤独和不幸。当她离开时，给我报以最甜美的微笑。"

陶勒斯·狄克里，这位著名的作家曾说过："通往成功的捷径就是借给别人耳朵，而不是你的嘴。别人不感兴趣的事，说了也没意义，不如换个方式——不能再多告诉我点儿吗？"

我并不在意自己是不是聪明的谈判者，只是想做好旁听者。好的听众，总受人欢迎。

第三章 —— 先把自己推销出去

推销之前的推销

有一次度假时，我站在轮船甲板上看着轮船慢慢靠岸。当船靠近码头时，一位船员用细绳系着一个棒球大小的东西抛向码头。岸上的人伸出手接住，然后再慢慢拉住细绳将船往岸边拉，而细绳后面连着一段很粗的缆绳，一起拉向码头。这样，船就靠岸了。我向船长请教，他说："那根细绳叫抛接绳，像棒球的东西叫猴子爪。没有抛接绳和猴子爪，我们就没办法把粗缆绳抛到岸上。"

眼前的一切让我学会了如何去接近客户，也让我明白了为什么以前会错过很多潜在客户。原因就在于我老是想直接地把粗缆绳抛向岸边。比如，前两天，一位面包批发商愤怒地把我轰出了他的面包房。因为我没向他提前预约就直接向他推销保险。当时，我直接走进他的面包房，他并不知道我是推销保险的，听我不停地推销，他顿时就发火了。让我吃惊的是，我自己怎么会如此愚蠢。

那次度假归来，对于如何接近客户的问题，我请教了一些资历丰富的推销员，他们都说这是推销中最艰难的环节。当然，我也找了相关的书籍来阅读。我开始明白，因为我不知道怎么接近客户们，又怕有的客户恼火将我轰出来，所以我总是在进门之前紧张、踌躇。

但是我得到如何接近客户的答案，并不是从推销员或者书上得来，而是从我们要接近的客户那里得到的。我从他们那里得到了两点有益的启迪：

第一，客户喜欢那些真诚、简单明确的推销员，厌恶那些身份不明、所在公司声誉不好的推销员。

第二，最好是提前预约来访。如果没能提前预约，推销员应该先表示歉意，询问是否打扰客户了。这样做的话，至少不会像我那样被轰出来。

几年后，我的一个朋友在培训推销员时说："接近那些你们从未接触过的客户，你们最好先花 10 秒钟简单介绍自己，是的，这就是在推销之前的推销，先把自己推销出去。"

如果我要去造访一个未预约的客户，我会说："您好，我是弗兰克·贝特格，是保险公司的推销员。我现在正在您的邻居家，他推荐我拜访您，您现在能和我谈 12 分钟吗？或是晚一点儿再给您打电话？"通常对方会说："你想和我谈什么呢？"我会说："谈谈您自己。"他就会惊异地问："谈我的什么事呢？"这时候就是接近客户的最好机会了，所以在给未预约的客户打电话之前，一定要预备好你的问题，让客户有兴趣和你继续接触。

作为推销员，我们应该真诚地为客户着想。我们所推销的东西都需要客户掏钱，所以我们应该真实地告诉客户，这会增加他的负担。

如果你要谈论关键的问题，他一定毫无保留地和你畅谈怎么节约开支。在与客户谈论话题时，还需要注意你的谈话对象。家庭主妇最关心的是肉类、黄油、鸡蛋、牛奶等的价格，所以她们乐于听到的是如何节约在食品方面的花销，而不是如何选购节约的冰箱、洗衣机；那些急于在事业上有所成就的青年人可能对商会不感兴趣，他们真正关心的是如何扩大交际、增加人脉、获得更多的认可，怎么能更出人头地、增加收入。

有时候，接近客户不需要特别准备什么好听的客套话，也许有一个和他共同的兴趣是最好的选择。举一个例子，这是我一位朋友的亲身经历。

“那是我第一次尝试着去大城市推销，是的，在此之前我从未去过纽约。我在纽约的一个站点下了车。我走进一家商店，我确定这家店主将是我的客户。他正招呼着其他顾客，他 5 岁的小女儿正在地板上玩耍。小家伙很是可爱，我很快就成为她的好朋友。当我的客户忙完手中的活，我立即作自我介绍。不过，他说他已经很久没购买我们的产品了。在这样的情况下，我并不急于谈生意，我们谈了他可爱的女儿。他很高兴，邀请我晚上去他们家做客，因为今天是她的生日。然后我在纽约逛了一圈，晚上就去参加小女孩的生日晚会。我在他们家度过了一个欢乐的夜晚，一直待到很晚我才离开。让我惊喜不已的是，我和他签订了一笔我当时拿到的最大订单。我并没有极力推销什么，只不过很友善地对待客户的小女儿，因此给客户留下了好印象，也建立了良好的关系。”

他后来总结说：“和客户聊他们喜爱的事，这是我 25 年推销的经验，我想，这就是接近客户最好的方式。”我的这位朋友后来成为公司的销售部经理，再后来是总经理、总裁。

当然，我们不是总能够和客户谈他们感兴趣的事，更难以和客户的小女儿玩。但是，我想，我们还是有办法和客户交上朋友的。前不久和一位朋友一起吃饭，他给我讲了他的故事，他是最成功的推销员之一。

多年前，我还是年轻的推销员，我去纽约向一位大制造商推销产品，但是一直碰壁。一天我又来到他的办公室，他看见我，很不耐烦地说："我今天没时间，现在我正要去吃午饭。"看来我必须抓住这个机会了，于是我说："您能带我一起去吗？"他似乎有点儿惊讶，但还是说："那就一起去吧！"吃饭的时候，我压根就没有说推销的事。不过他回办公室后，就给了我一笔小订单。这可是我从他那里得到的第一笔订单，后来我又从他那里得到了源源不断的订单。

1945 年 5 月，俄克拉荷马一位鞋店推销员创下了一天销出 105 双鞋的记录，顾客是 37 名妇女和儿童。他的推销诀窍是什么？我特意去了他的鞋店，问他是如何做到这项纪录的？"每位顾客来到鞋店，他们是否买鞋，这就要看你如何接待他们了。"这就是他的回答。

后来我就用了一整天的时间来观察他如何接待顾客的。我发现，这关键在于他的接待态度。是的，每位路过的顾客，他都以真诚的微笑、轻柔的话语招呼着，这让顾客有宾至如归的感觉。在推销之前，他就让顾客拥有了一个好印象。

通过上面几位推销员的成功案例，我们可以总结出一个接近客户的重要原则，"推销自己"，是的，这是推销之前的推销。我从中受益匪浅，本节将要结束，我以一次推销的对话作为结语。希望你能够明白，并将这一原则运用到你的实际生活中。

我："柯泽先生，我不能仅凭您的眼睛颜色或者头发颜色来评价您，这就像医生没法诊断一个一言不发的病人。"

柯泽（略带反感地）：“你说得没错。”

我：“现在，希望您能对我说点儿什么。或者，为了给您提供一个有力的保障，我需要了解您的一些情况，可以问您几个问题吗？”

柯泽（有点儿不耐烦）：“有什么问题就问吧。”

我：“有的问题若不愿回答，您可以不回答。我会对这些问题保密的，如果这些信息泄露出去了，我想，那肯定不是我的原因，所以我也希望您严守秘密。”

说完这些后，我便递给了柯泽先生一份问卷调查：

1. 如果你去世了，你妻子每月最少需要多少钱来维持生活？

2. 你希望 65 岁时每月最少能有多少收入？

3. 你的房产债是多少？

4. 你的股票、债券等有价证券价值多少？

5. 不动产价值多少？

6. 手头有多少现金？

7. 每年的收入是多少？

8. 你本人以及你的家人是否购买了人寿保险？

9. 每年支付多少保险费？

这是我通常的做法，在客户回答我的提问之前，先填写这样的问卷。我花费了数年的时间来设计这份问卷，虽然问题不多，但基本涵盖了客户的信息，包括了他现在的情况和未来的计划。然后我可以适当根据客户的回答来提问，这样的提问只需要花费 5~10 分钟，客户可能也会以极大的兴趣关注这些，谁不关注自己未来的利益呢？

然后我收回问卷，仅提出了一个问题：“柯泽先生，退休后您打算做些什么呢？换句话说，您有什么嗜好吗？”听了他的回答，我就把问卷放回公文包，然后起身对他说：“柯泽先生，谢谢您告诉我这些。我会根据您的情况，为您制订一个对您很有益的保险计划。等我完成了这个计划，我会立即给您打电话，再约一次会面，您看这样行吗?”

如果您在实际推销中也遇到了这样的案例，你就可以直接提出那些至关重要的问题。然后根据当时的情况，选择一个好的时机来约定下次约谈，而且还要预想好下次该说些什么。

你要注意，如同医生妥善保存病人的病历那样，你也要为你的客户保存好这些问卷。这份问卷是你为客户制订下次谈话内容的重要依据。而且，如果你真诚为客户着想、服务，随着客户事业的发展，他们也许会把未来的进程也告诉你。因为他们已经将你视为诚实可信的人，你既能和他们一起面对困难，也能分享他们的成功所带来的欢乐。

你应该将接近客户的谈话好好记录下来，可以每天看看。当然你不必时刻惦记着这些谈话，你只需要多运用这些原则，直到这成为你下意识地自觉行为。

预约秘诀

在我的办公室墙上曾经写着这样一句话：“客户们不会自己走进这间办公室。”一直以来我也这是这样认为的，只有我们主动出去约见客户才可能促成业务。可是一位成功的推销员在一次聚会上说：“我65%的工作都是在我的办公室里完成的，我在办公室和客户进行谈话。在那里和客户谈话可以避免打扰，谈话会很快，当然结果也更让人满意。”

我开始还对这种方法抱有怀疑，当我试着也这样做时，让我吃惊的是许多客户都欣然接受这种方式。我也开始在办公室里和客户约谈，有客户在我办公室时，为了避免打扰，我就会嘱咐接线员不要接任何电话。

如果客户谈完事，没有什么要紧事，我会把办公室里的其他人向他一一介绍，还告诉他如果他真的买了保险，这些人都乐于为他服务。这是推销员的习惯性推销，利用客户来访的机会带他们到办公室、车间或工厂里转转，借此机会向他们介绍一下所推销的东西。

当然，并不是所有的客户都会来你的办公室里会谈，很多客户可以说是难以约见的。但是一旦和这样的客户完成了约定、谈成了推销，他们将是最好的客户。这些人虽然难以约见，但是只要你尊重他们，他们是不会拒绝你的约见的。下面是我总结的一些和这样的客户打交道的办法：

其一，“布朗先生，您什么时间有空？早晨还是下午？或是本周的其他什么时间？”

其二，“这周由您安排时间，我们一起吃顿午饭好吗？12点或12点半都行。”

其三，如果客户工作繁忙，但又确实想见我，我就会这样问：“您今天进城有车吗？”如果他说没有，我会用自己的车载他去，还要向他解释：“这样我可以和你谈几分钟。”

其四，如果提前预约得过早，你要征询客户的意见以确定见面的时间。例如，星期五早晨我完成下一周的工作计划，如果我给一个客户电话预约：“您好，我下星期三会到您的邻居家去，我可以顺便去拜访一下您吗？”对方基本上不会拒绝，在我的建议下，他会定下具体的时间。

我们在竭尽全力的预约客户时，也要善于体察对方的态度。一旦对方毫无合作的诚意，我会毫不犹豫地放弃。我曾经有过几次具有典范意义的预约，而且都是和那些难以约见的客户。例如，有人向我介绍了一位承包商作为推销对象。打过几次电话之后，我才知道这位客户仅在早晨7点到7点半在办公室。所以我在早晨7点来到他的办公室，当时他正在翻看着桌上的信件。还未等我说话，他猛地站起来，拿起一个大文件袋就准备出门，然后回过头来，看着我说：“你到底想和我谈些什么呢？”

我回答说：“想和您谈谈您自己的事。”

他说：“我现在有事出门，没空和你谈。”

我问：“您现在要往什么方向走？”

他回答说：“新泽西州的科林斯伍德。”

我向他建议：“我用我的车送您去吧！”

他说：“不用了，我车里放着我今天要用的资料。”

我说：“如果您不介意的话，我能搭乘你的车一起去吗？我可以坐在旁边和您谈谈，这样也可以节约您宝贵的时间。”

他问：“那你怎么回来呢？我还要去其他地方。”

我说：“没问题，我自己会有办法的。”

他无可奈何地笑了笑说：“好吧，上车吧。”

他此时甚至还不知道我是谁，也不知道我要和他谈什么。我就利用在车上的时间和他进行了谈话，然后我在新泽西的惠明顿和他分手，到车站买了张票回到费城。用这种方法，我顺利地约谈了这些难以约见的客户。

最后我说说使用电话预约的重要性。我身上总是带着很多硬币，这样我就可以方便地使用公共电话。很多时候，如果办公室里有很多杂事打扰我，我就会到街上去打公共电话。特别是每周五，我完成下一周的工作计划后，就给下一周要见的客户打一遍电话预约。有时我对自己下一周要做那么多事都感到吃惊。

并不是每次打电话都能和客户联系上，这时候就需要用留言的方式，至少这也给客户留下了信息，希望他能回电。这就需要在留言中提示客户，我要告诉他的，正是他所需要的，而且还很重要。

当我认识到“推销预约”之后，此后的推销会谈我都能轻松应对。再次重复一遍那让我用了很长时间才悟出的道理：首先是推销自己，其次才是推销产品。

完成销售的7条原则

一个星期六的早晨，我的推销遇到挫折，我感到非常沮丧。可能你还记得，我说过如果找不出失败缘由，我就打算从事其他职业了。

是的，我在不断地反思：到底是哪个环节出错了？回顾我电话推销的每位客户，我自认为一切都做得很好，可是到了最后，客户们总是会说：“好吧，我会仔细考虑一下，什么时候再来谈谈吧。”可是客户总是这样推脱延迟，我就陷入了沮丧。

我似乎找到了症结所在，那就是与客户的会谈次数，那么接下来就是我如何去解决这个问题了。为了找到解决的途径，我仔细研究了我过去一年推销的电话记录。我从中有了惊人的发现：40%的生意都是在第一次会谈时谈成，46%在第二次，只有14%在三次以上。换而言之，我花费了太多的工作时间去争取那些成效不大的生意。我立即找到了解决的方法：放弃超过两次的会谈，用更多时间发展新客户。不久这种改变就有了明显的成效，我每次会谈的价值，从平均每次2.8美元提高到了每次4.27美元。

那么我这一发现是否适用于其他行业的销售呢？一家工业公司的推销团队研究了其两年的销售情况，最后发现：有25%的销售是在销售员 5 次推销以后完成的，而仅有 17% 的销售员坚持拜访客户超过 5 次。是的，看来每个行业的推销有不同的情况。但是，这也再次证明了完整地保存推销记录以及对记录进行分析研究的重要性。但是据我所知，很多公司和推销员都没有做推销记录的习惯。

通过分析我的电话记录，我放弃了需要两次以上的会谈才能达成的生意，这样使我的收入增加了一倍。但是，如果我让这 14% 的客户都能在两次会谈内敲定生意，那我不是能获得更多的收入吗？一个新的问题又摆在了我面前：如何让客户快速地做出决定，或者是我如何快速地完成推销。

我在费城基督教会培训中心听到的一次演讲给了我启示。那次演讲的题目是《演讲的四条原则》，演讲人特别提到了第四条原则：付诸行动。这是许多想法得到实现的必须途径，也是很多成功人士的必备原则。我想到了我的推销，我就是缺乏付诸行动。后来我阅读了大量的销售书籍，请教了很多资深的推销员，答案也是要“付诸行动”。随着推销经验的增加，我总结出了让顾客较快地做出决定的 7 条原则：

1. 要素

一个成功的推销过程分为 4 个环节，也可以说是 4 个要素：礼貌、兴趣、渴望、成交。

这 4 个要素能够让客户信任我，对我提出的保险计划放心。这有助于消除推销员与客户之间的隔膜。在会谈即将成交的时候，要保持内心充实的自信，不要有强迫成功的焦虑。

2. 言简意赅

言简意赅能够帮你迅速进入推销的实质阶段。那么，怎样才能够做到言简意赅呢？有位经理是这样培训推销员的：手持一根点燃的火柴，在火柴燃尽之前，推销员必须介绍完所推销产品的优点，如果还能做一个综合的总结，那就更好了。

我在前面还提到了一个更好的办法：那就是推销员的演示，或者是顾客亲身的演示，这能够让客户主动地加入你的推销中来，帮你完成销售。

3. 一句有魔力的问话

向客户言简意赅地介绍完产品或者服务后，问一句："你觉得怎么样？"

客户们通常会说："我觉得还不错。"这个时候，客户基本就确定要购买了，我会再问一些必要的问题并填写相关的表格。如果客户乐意回答我的问题，我想他们很少会变卦了。

还需要特别说明的是，在提出问题的时候，尽量使客户做出肯定的回答。比如，我给客户描述了良好的收益之后，会接着问一句："您觉得这个计划是个好主意吗？"通常的回答是肯定的。

4. 乐于听取反对意见

最初，我觉得那些不断与我唱反调的客户很难对付，可是后来我渐渐明白，这也是最好的推销对象。当客户提出反对意见时，就给了你说服他们的机会。例如客户经常说："我付不起这个保单。"这时候你就可以用未来利益和现在付出来说服客户。虽然他们不喜欢推销员强迫他们接受什么，但是他们还是乐于接受推销员合理的建议，并充分尊重推销员。

5. "为什么""除此之外"

在与客户的会谈中，要善于使用"为什么""除此之外"这样的短语。这绝对不是简单的询问，如果你在恰当的时机使用这些短语，将有助于你完成生意。

我举例说明。一位推销员正在说服客户参加某商业培训课程，可是会谈陷入了僵局，客户说："你说的这个课程，我现在还不感兴趣，过段时间再说吧。"面对客户这样的拒绝，让我们看看这个推销员是如何应对的：

客户："过段时间再说吧。"

推销员："先生，如果你的老板说要给你加工资，你会回答说过段时间再说吗？"

客户："当然不会。老板会认为我是个傻瓜。"

推销员："好吧，那就请你填一下这份表格。"

客户："算了吧，等我再仔细考虑下，下星期再联系你吧。"

推销员："为什么？"

客户："我真是付不起钱。"

推销员："除此之外，还有什么其他原因吗？"

客户："唯一的原因就是付不起钱。"

推销员："如果我是你的哥哥，我会说你……"

客户："说什么？"

推销员："现在就在这份表格上签上名字。"

客户："那我每个月需要支付多少钱？"

推销员："先交25美元，以后每月交10美元。谢谢你的签名，你已经成功地走出了第一步。"

6. 让客户签名

在申请保险的表格中，我会在客户签名的地方用铅笔标示出来。这样，在会谈的时候，只要一有时机，我就会将笔和表格递给客户："请您签字。"

7. 及时收款，不要怕收款

及时收款是推销员走向成功的重要因素之一。当你谈好一笔生意，你及时收款，客户也能及时享受到产品或者服务。在消费心理中，客户只有付完款，才会感到产品是他们的个人财产。当客户想推迟付款时，你就要告知其把握机会。因为只要他们付款后，就不会出现反悔的情况。

上面就是我总结的7条原则，也许你还是很疑惑：什么时候才可以完成会谈呢？我只能告诉你：有时候只需要几分钟，有时候即便花费一两个小时也无法完成。如何让客户快速决定交易，这需要你在实际的会谈中灵活把握最合适的时机。

在我多年的推销生涯里，我开始从有意识地完成推销，逐渐地成长为自然而然地做生意。在与客户会谈时，如果是按照我的方向在顺利进行，我会制造出足够的利益和需求的氛围，时机成熟时，客户就会准备付款了。

当然，世界上这么多行业的销售，我无法用几段文字就把如何完成生意说清楚。为了帮助你全面地了解生意谈判，我向你们推荐《成交的秘诀》，这本书由查尔斯·B.罗斯所著，由纽约的学者出版公司（Prenric-Hall,Inc.,New York）出版。

我随身携带着一张卡片，上面写着我提到的7条原则，而在卡片的上端，我写着这样一句话：

“这将是我推销经历中最好的会谈。”

我还有一个习惯，在进入客户的办公室之前，我也会在心里重复这句话。直到现在，我依然经常这样做。其实我每次的会谈，都是对自己这7条原则的实践。如果会谈不成功，我就会提醒自己错在哪一条，怎样做改变。我想，这也是对每个推销员的严格检验。

我说：“现在还不是。”

如何建立自信

刚入行的时候，我的职业前景非常明朗。我受卡尔·科林斯指导，他的销售业绩在公司中一直遥遥领先，足足有40年。

科林斯先生非同寻常，他善于赢得别人的信任。甚至于，他一开口你就会感觉到，“这个人熟悉这生意，值得依赖，与他合作没问题”。这也是我最初的印象，随后我又理解了个中奥秘。

有一次去谈生意，进展不错。客户已经告诉我：“过一个月来吧，到时可能会签约。”因为缺乏勇气，我只想着退出，不得不向科林斯先生求助。科林斯先生看着我垂头丧气的样子，答应了陪我一起去见客户。

真没想到，他完成得如此轻松，真让我激动。作为回报，我将得到259美元的佣金。可坏消息很快就传来了，由于客户的身体原因，合约暂缓执行。

我很气愤，对科林斯先生说："我们是不是该告诉这位客户，这样做不合规范，得让他知道。"

科林斯先生表现得很平静。"不能这样做，保险业中允许客户的这种行为，只是你并不理解而已。"科林斯先生前去拜访，讲明了其中利害。临结束前，他再次强调："我确信这份保险对你有益，希望你能认真考虑一下。"

那位客户很爽快地答应了，并且马上就签了支票——足足一年的保险费。

关注卡尔·科林斯先生的一举一动，你就会明白他为何能博得他人的信任。毫不夸张地说，他的言行举止胜过任何激情的演讲，他用那真诚的目光征服了所有的观众。

"那样不行，我已经知道了。"寥寥数语饱含着科林斯先生的独特魅力，其中的深意让我永生铭记。在前景不明的时候，我能鼓起勇气，就是因为我坚信：别人是否相信并不关键，关键是你要相信。

这是乔治·马修·亚当斯说的，我写下了这几句话随身携带，反复阅读直至彻底融入我的思想：

"一个聪明的推销员总是直率地说出实情。他会真诚地看着客户，用真诚的言语打动别人，即便不能在第一次成交，也给人留下深刻的印象。巧舌如簧并不能取胜，再精心的小聪明也别想愚弄别人。先生们，请您牢记，推销员的目光中包含着言语，包含着那打动人心的直率，真诚永远是最保险的好办法。"

我的能力远远超过了一般推销员，可还是按规矩行事。任何推销员都应遵循的态度：让客户了解事情的全貌，了解一切细节，以及我们所能提供的服务。

如何赢得他人的信任？谨记住：首先得值得他人信任。

获取信任的诀窍

这个故事会告诉你一个好诀窍：如何尽快赢得他人的信任。

新泽西州一家大型肥料公司，财务主管康纳德·琼斯先生的办公室里。琼斯先生对我和我的公司毫不了解。

“琼斯先生，您在哪家公司投了保？”

“纽约人寿保险公司、大都会保险公司。”

“您选择的保险公司真的很棒。”

“你也这么认为？”（他掩饰不住得意）

“真是一次不错的选择。”

我开始介绍那几家保险公司和他们的投保条件。比如，作为世界上最大的保险公司，大都会保险公司的经营状况良好，甚至可以吸纳整个社区的客户投保。

他听得很入神，丝毫没有觉得无聊，这些事情他从未听过。我看得出，他对自己的投资眼光感到很得意，他觉得自己做了件很明智的事情。

这样夸赞对手对我有什么好处呢？看看接下来发生了什么。

说完那些热情洋溢的话语，我接着说：“琼斯先生，在费城的大型保险公司可不止这几家，比如菲德利特、缨托尔等，他们也都享誉世界。”

如此了解又敢于夸赞竞争对手，让琼斯先生印象深刻。当我开始对比各家公司的投保条件时，我已经快达到目的了，他接受了我所讲的方案，因为这本就是为他准备的。

短短的几个月，琼斯先生带来了大笔生意——其他 4 名高级职员也购买了大笔保险。当这家公司总裁咨询菲德利特公司情况的时候，琼斯先生连忙插嘴："费城三家最好的保险公司之一。"这可是我告诉他的，一字不差。

可以这么说，不夸赞对手也就做不成生意。像打棒球一样，夸赞对方你就能安全地上一垒，尽管各队都有人在垒上，而只有善于夸赞对手才能幸运地回到本垒得分。

25 年来，我一直喜欢夸赞对手，这样谈生意的效果很好。人生就如旅行，我们总要博得他人的信任，要想尽快做到这一点，请遵照我的方法。本杰明·富兰克林曾说过："我不会诋毁任何人，我将尽量说出他人的美德。"

所以，赢得他人信任的第三个原则就是："夸赞你的对手。"

赢得他人信任的正确方式

有一位律师朋友告诉我，律师做辩护时最关键的就是让证人来说服陪审团和法官。有时候律师在法庭上滔滔不绝的辩护词并不能让他们信服，甚至还要打点折扣。所以有一位可信的证人以及有力的证词会对法庭产生巨大的影响，这也能证明律师的辩护更为可信。

我从这里悟出了依靠"证人"的推销方法。那让我们用事例来看看"证人"在推销中的作用吧。

做保险推销的都知道，在我们与客户签约保险订单的时候，投保人都会在公司印制的"同意接受单"上签字。我就会将这些签过字的“同意接受单”影印一份，然后收集在文件夹中。这些具有签名的材料很有说服力，我想对于新客户还是有很大的影响力。比如在推销谈话即将结束的时候，我就会说：“先生，也许你会觉得我说的话有些夸大。不过我很愿意您能投保并获得一份保障。您可以找一个人谈谈，我可以借用一下您的电话吗？”然后我就从收集的那些资料里挑选一位“证人”，接通他的电话。这些“证人”可能是新客户的邻居、亲戚或者朋友，有时候这种电话可能会是长途，但是更有效。当然，借用客户的电话找“证人”，我需要自己付费。

其实，我初次尝试这种方法时，总是担心客户会拒绝我。幸好，至今还没有客户拒绝，他们反而更愿意和这些“证人”谈谈。有时“证人”是客户的老朋友，谈话往往还会偏离主题。

的确，我也是偶然才从朋友的谈话中发现“证人”的作用，然后在推销中运用的，确实很有用。我很少用空谈来获得成功，有时候客户需要的就是“证人”的实例。我想你也看到过其他推销者所列举的方法，但是我使用的推销方法往往是逐条解决。每当这时，我倒觉得用“证人”的方法更有效。

那么这是否会打扰到“证人”呢？其实，他们都很热心向客户提供指导。通过这种方式完成交易时，我都会立即向这些“证人”表示感谢。他们都很高兴，因为他们既帮助我做成了生意，也帮助朋友或者邻居选择了好的服务，从而很有成就感。

几年前，一位朋友要给家里添置燃油锅炉来供暖。他去市场回来后，收到很多公司的产品介绍，其中一份是这么写的：“这里有一份使用我们锅炉的用户名单，他们都是你的邻居，你可以打电话问问琼斯先生，他有多喜欢我们的燃油锅炉。”这位朋友就按照名单给几个邻居打电话询问了情况，最后他也买了这种锅炉。事情已经过去几年了，但是他仍然记得那家公司推荐产品的方法。

前段时间，我在俄克拉荷马州土尔萨做了一次演讲，我就提到了上述的例子。后来一位推销员也运用这种方法取得了成功，他写信与我分享了他的故事：

“我在缅因州一家商店进行推销，我对店主说：哈里斯先生，俄克拉荷马州也有一家和你的商店规模一样的商店。上个月这家商店的顾客激增了数倍，因为商店正在销售一种全国范围内受保护的商品。如果你不嫌麻烦，你可以听听那家店主的话。哈里斯先生很爽快地说：当然没问题。我问：可以借用下您的电话吗？他示意我可以用，我立即接通了那家店主的电话，然后递给哈里斯先生，让他们自己在电话里交谈。其结果当然是成功的，这是我所用过的最好办法。”

再给大家说一个事例，这是我的朋友戴尔·卡耐基告诉我的。

“我想去加拿大旅游，希望能找到一个有美食、睡觉舒适、能够钓鱼、狩猎的宿营地。于是我就向加拿大的旅游地写了信，不久便收到了 40 封回信。很多来信都说自己的宿营地是最好的，这倒让我更加犹豫不决了。幸运的是，其中有一封与众不同的信，老板给我提供了一份名单，说这些来自纽约的人最近都去过他的宿营地，让我向他们询问一下情况。

“我看见名单中有一位值得信任的朋友，我就给他打了电话，他对那个宿营地赞不绝口。是的，那里能够满足我的一切要求。通过这位朋友，我还知道了很多老板没有提到的信息。”

我想，其实其他宿营地也有不少“证人”，可是他们并没有好好利用这一资源，所以失去了赢得卡耐基先生信任的机会。

赢得他人信任正确而快捷的方法是：利用你的“证人”们！

第五章 ——— 交友的第一要诀是真诚 

我为什么在各地都受欢迎

作为一个渴望改变命运的年轻人，我知道自己的问题在于：很难快速找到改正错误的方法。特别是在我苦难的童年时期，那些苦难的生活至今记忆犹新。

父亲很早就过世了，母亲拉扯着我们5个孩子生活。为了让我们活下去、上得起学。她不得不去做浆洗、缝补衣服的活。可是到了寒冷的冬天，由于家里没有暖气，除了厨房做饭时还有点儿温度外，室内和室外一样寒冷，而且房间里也没有地毯。天花、猩红热、伤寒等疾病随时会降临到我们身上。最后，饥饿、疾病夺去了我们家3个孩子的性命。这样的生活境况让我们的生活毫无乐趣，甚至我们生活的希望之火也在逐渐熄灭。

我不得不出去挣钱，沿街叫卖东西。可是不久，我就发现自己有很多的缺点。是的，这些都是我叫卖东西时的弱点。我的表情总是布满愁苦孩子的忧郁，这是多年苦难生活的写照。然而，我不得不告诉自己，我必须做出改变。我努力去做，很快，无论是在家里，还是在社会上、在事业上都收到了效果。

最初，我每天早晨要花 15 分钟洗漱，强迫自己带着笑容出门。但是我发现这种虚伪的职业微笑也没让我多挣什么钱。这种强颜欢笑肯定不能取代那种发自内心的真诚的笑容。不过即使是这种职业微笑我都难以坚持。因为在我每天早晨进行那几分钟的洗漱时，我的内心依然是带着疑虑、恐惧和担心。所以无论我怎么强颜欢笑，不久后，我又不知不觉地恢复到忧郁的神情。怎么才能让一个生活在苦难之中的孩子抛弃忧郁、面带微笑啊？我只能努力抓取那些快乐的回忆，来强迫我挤出微笑。

我这种矛盾的身心体验，可以用哈佛大学哲学家威廉·詹姆斯的理论来说明。他说："经历和感觉似乎截然不同，有了感觉才有经历。其实两者同时存在，我们限制感觉表现出来的行为，如表情，但是我们不能限制我们的感觉。"后来，我就开始试着这样做。进入别人办公室进行推销前，我要事先想想该说些什么，然后面带着微笑走进去。在推销前后，我都一直保持着微笑。秘书小姐进去通知老板，然后引我进办公室。在我的微笑感染之下，她们也会面带微笑。

和擦肩而过的人打招呼的时候，也许你唠唠叨叨说了很多寒暄的话，但都比不上你简单而真诚的微笑更受欢迎。如果你和熟悉的朋友打招呼，那你就不妨面带真诚的微笑直呼其名，真诚的微笑具有无穷的魅力。不知你们是否注意到：好运气似乎总是偏爱那些真诚、富有激情的人，而坏运气则总是与那些忧郁的人相伴。

电话公司做过一次声音与微笑的调查，发现带着微笑的声音能够获得更好的效果。你现在就可以拿起电话，来一次面带微笑的谈话，感觉一下不同。最好在你的电话前挂一面镜子，让你也看到自己的微笑，也许你就可以发现是否有微笑的差别。我曾在演讲的时候，对数以千计的人建议：在30天时间里，面带微笑去做所有事情，有25%的人表示愿意做这种尝试。最后的结果怎么样呢？这里我们不妨摘录一位男士的一封信来加以说明：

"……本来我已经和妻子决定要离婚了，因为我认为婚姻的失败全是她的错。我不仅在心里抱怨她的错误，而且经常在家里发脾气，数落她的不是。从此家里也就失去了往日的欢乐。后来，我才认识到，这都是由于我郁积的消极情绪，让我神情忧郁，失去了往日的积极态度。我的这些消极情绪最后伤害了我最亲爱的人——我的妻子和孩子。我意识到这不完全是妻子的错。自从认识到自己的缺点后，我开始努力改变自己，一年后我又成了积极向上、快乐阳光的人。我和我的妻子、孩子又重新欢乐地生活在一起。人们又看见了我的微笑，我的事业也有了惊人地发展。"这位男士对微笑所带来的结果是那么满意，以至于他持续不断地给我写了好几年的信。

陶鲁斯·狄克思曾说过："女性的微笑是击败脆弱男性的最好武器，当然也是鼓励脆弱男性的最好方式。然而很多女性却不把鼓励男性当成是美德和责任。因为她们认为最好是将丈夫留在家里，这样就可以更好地维持婚姻。当男人们知道家中有一个女性在等他，没有一个男人不赶紧回家的，她的笑容就是他所需要的灿烂的阳光。"

你也许还觉得这不可思议，带着笑容就会快乐？朋友，你不妨试试，面带着微笑去面对一切事物，你就会亲身感受到这其中的奥妙。你可以从自己身边最亲爱的人开始，看看自己面带微笑对着妻儿会有什么效果。面带微笑是拒绝忧郁最好的办法之一，面带微笑到哪里都会受到欢迎。

学会记住人们的姓名和面孔

我曾在费城基督教青年会讲授过一年的营销课程。在这期间，我听过一位记忆专家讲授的记忆训练。这让我懂得了如何记住别人的姓名，以及记住别人名字的重要性。后来，我也阅读了有关书籍，听了一些讲座。在生意和社会交往中，我也有意识地去使用这些记忆方法。而且，真的产生了奇异的效果。这之后，我可以比较轻松地记住那些名字了。那位专家教给我记住名字和面孔的 3 条原则是：印象、重复、联想。

是的，这 3 条原则，看起来比较简单。不过在现实中，你如何去运用，还是一门需要学习的技艺。我不妨多花些笔墨来详细解释一下各条原则。

第一条，印象。心理学家说：人的记忆力问题其实是观察力问题。是的，我在现实中也认识到了这一点。我以前总是记不住一些名字，为什么？因为我很少注意，甚至毫不注意这些名字。所以在很短的时间里，这些名字只是在我眼前或者耳旁飘过，根本就没有被我的大脑存储。如果有人因为对我毫不在意而忘了我的名字，我就会觉得心里不舒服。同样，如果我也不能正确地牢记别人的名字，那简直是不可原谅的无礼。

怎样才能很好地记住别人的姓名呢？如果是因为你没有听清，你可以礼貌地说："您能再重复一遍吗？"如果你还是不能肯定的话，你就要很诚恳地说："抱歉，您可以告诉我怎么拼写吗？"我想，你要正确而清楚地记得他的名字，他是不会反感你这些问题的。所以记住别人的名字和面孔，首先你要提高你的注意力。是的，不要再想别的什么事。比如，你和陌生人见面，你多留意他的名字和面孔，这也有助于缓解你的约束、谨慎。

我曾经就遇到这样的情况。有一次与几个人会面，其中一个人的名字叫克林克斯克尔斯，这个名字的发音不太容易。我说："您能再重复一下你的名字吗？"他重复了一遍，可还是含混不清。我又说："您能告诉我怎么拼吗？"他教了我怎么拼写。我说："您这个名字可不常见，您能不能再告诉我怎么才容易记住呢？"他感到厌烦了吗？他不但没有感到厌烦，反而是不厌其烦地教给我怎么记。这样我怎么还会忘记他的名字呢？后来我们不期而遇时，我直接地叫出了他的名字，你想他能不高兴吗？当然我也是很高兴。注意他名字的发音和拼写，这有助于记住他的名字。

注意力，最重要的就是眼睛。我们常说眼睛就像是心灵的照相机，它会如实记录我们所留意的事物。这怎么来证明呢？很简单，你闭上眼睛，然后在你的头脑中放映你看到的面孔。你还可以将名字和这些面孔对应联系起来。这就是通过注意力加深印象来记忆人的名字和面孔。

第二条，重复。你可能经常遇到这样的情况，刚给你介绍的人，你很快就忘记了。即便当你不断重复好几遍之后，你可能还是会忘记。其实，重复是可以加深记忆的，只是需要使用合适的重复方法。

在和别人谈话的时候，你可以多次提及他的名字，而且是用多种谈话方式使用他人的名字。比如，莫斯格拉夫先生，您是不是在费城出生的？如果你很难读出这个名字的音，你千万不要不懂装懂。因为现实生活中，我总是遇到很多人采取回避的方式。如果我碰上一个较难发音的名字，我就会问：“您的名字我念的对吗？”而且人们也很乐于帮你念出正确的名字。同样，如果你想让别人也轻易地记住你的名字，你也可以在他面前多次重复你自己的名字。

还有一种方法，我们刚刚见过一个人，离开后，就立即把他的名字记下来。这的确是一个很有用的方法。当然，有时候我们要同时见几个人，很难把他们的名字一一记住，我的一位朋友教了我一个好办法。我的这位朋友记忆力很差，但他摸索出了自己的记忆方法，而且有很好的记忆效果。在参加一些大型会议时，他就经常演练自己创立的方法。

这种记忆方法大体如此：与一群人见面时，先记住三四个名字，当然，你可以花一点儿时间，把这些名字粗略地记下来。然后再去记其他的人，试着把他们的名字编成一句话，或者一个故事，然后牢记在心。比如在一次有个 50 人参加的宴会上，这些名字有长斯尔、凯米尔、欧文斯、克德温、柯撒尔等。是的，你可以将这些名字的谐音编成一句话，而且记忆效果颇佳。当然，并不是所有的名字都能编成一句话，最关键的是你要记住这种方法，在合适的场合就可以好好运用。例如，最近我与牙医学会的几位医生见面。我想起了一个神话故事，并利用谐音把他们的名字编成了一句话，这样，我很容易就记住了他们的名字。

你也许经常会遇见这样的情况，与人见面时忽然想不起他的名字。我现在教给你一些避免这些尴尬情况出现的方法。

首先，不要着急，这种事谁都会遇上。你可以承认自己忘记了他的名字，当然你要用一种带着玩笑的语气说：“我从不忘记别人的名字，可是因为您太出众了，我竟一时忘记了您的名字。”

其次，和熟悉的人打招呼时，尽量叫出他的名字。我想人们也是乐意别人叫他的名字的。只要你每次见面都记得叫名字，不断地重复，加深记忆。今后你就不会觉得这人面熟而想不起名字了。

最后，你要去与某人见面前，最好先熟悉一下对方的名字。在记忆许多人的名字时，你可以运用“重复”的方法。你可以利用零散的时间，比如将需要记住的人名列一个名单，然后利用茶余饭后的时间常念念，我相信一个星期你就可以记住这些名字了。

第三条，联想。我们如何才能把一些需要记住的事物根深蒂固地锁在大脑里呢？无疑，联想是最重要的因素。我们经常会因为某些事物的触发，回忆起我们遥远的儿时情景。前不久，我在新泽西大西洋城的一个加油站加油，加油站的主人认出了我，虽然我们在小学的时候见过面——那也是40年前的事儿了。这太让我吃惊了，因为以前我从未注意过他。

“我叫查尔斯·劳森，我们曾经在同一所学校读书。”他很激动地望着我。而我，早就忘记了这个名字，我还在想是不是他认错人了。不过他很快就提到了我熟悉的一些名字。他见我还有些疑惑就接着说：“你还记得比尔·格林吗？还记得哈里·施密德吗？”

“哈里！当然记得，”我回答道，因为哈里是我最好的朋友之一。“你还记得吧，由于那段时间流行天花，贝尔尼小学停课了，我们一群孩子就去法尔蒙德公园打棒球，咱们俩还是一个队呢？”哦，贝尔尼小学、法尔蒙德公园，这些关键词让我联想到了我的童年。我记起来了！“劳森！”我叫着跳出汽车，使劲儿握住他的手。我想这就是联想的魔力，它让我回忆起40年前的事了。

人们记住你的名字困难吗？你可以寻找联想的记忆。比如我的名字：贝特格，不怎么顺耳也不容易记住。幸好，有一家人寿保险公司的名称的发音和我的名字发音相近。于是在介绍我的名字时，我总是用这种联想、谐音的方法来告诉对方，这种方法还挺有效。

我相信人们都乐意记住你的名字，如果忘记了熟人的名字，这真是很尴尬的事情。只要你愿意，我想，人们也乐意告诉你怎样记住他的名字。此外，如果你与很久未见的朋友见面，你最好首先说出自己的名字，这样可以避免对他的窘迫，我想这对任何人来说都是好事。

推销员失去生意的最重要原因

罗克岛铁路公司要在密西西比河上修建一座铁路大桥。那时候马克·吐温还在这条河上当船员。这座跨河铁路大桥会连接伊利诺可的罗克岛和爱荷华的达文波特。可是那时候的内河航运发达，各个地方用牛车、大篷车运来小麦、熏肉以及其他物资，抵达河岸的港口，然后用船运往大城市。轮船主们都依靠着这河上的运输权来赚钱。

然而，铁路大桥的修建将严重影响到轮船的航行，所以轮船公司便将铁路公司告上法庭，希望阻止修建大桥合约的签订。这是美国运输史上一桩著名的诉讼案。

法庭辩论的那天，旁听席座无虚席。轮船公司雇用了律师韦德，他曾经是河运界最著名的律师。韦德在法庭上滔滔不绝地对听众们讲了两个小时，他甚至暗示案件的判决可能引起工人的抗议或罢工。他的声音大得就连在法庭外面也听得到。

轮到罗克岛铁路公司一方的律师发言了，听众们无不为他感到惋惜。他怎么能够说得过滔滔不绝发言两小时的韦德啊？不，他的辩护仅仅用了一分钟，他不紧不慢地说道："首先要向控方律师的滔滔不绝辩护表示祝贺。然而跨河运输要远比内河航运重要。陪审团的先生们，你们要做出裁决，唯一要考虑的是：就未来的发展而言，跨河运输与河内运输，哪一种方式更为重要？”说完他就坐下了。

陪审团没用多少时间就做出了裁决。这位衣着简陋、身体瘦削的，来自穷乡僻壤的律师的话感染了陪审团。当然也就注定了裁决的结果。这位不起眼的律师，他的名字就是亚伯拉罕·林肯。

林肯总是能够快速而准确地抓住案件的核心，以简明扼要的语言辩倒对方。我是林肯总统忠实的崇拜者。我读过他在历史上的许多演说。在这次著名的诉讼案中，他以一分钟的辩护词驳倒对方两小时的长篇大论，给我留下了最深刻的印象。因为我知道喋喋不休是最坏的习惯。

我曾经就因为这种恶习，在生活中以及事业上屡屡失败。你知道，即便是对你最好的朋友这样喋喋不休，他也会厌烦的。我的一位好朋友曾私下里对我说过：“你知道吗？你总是滔滔不绝地说，我都无法插嘴提问。明明一句话就能说清楚的事情，你却要说上15分钟。”当然更多的教训是在和客户谈生意的时候。有一次，客户很不耐烦地对我说：“有话就直截了当地说出来，别给我东拉西扯地说那些琐碎的事情。”这让我认识到自己喋喋不休的恶习，让我失去了不少推销的订单，而且叨扰了朋友和客户，也浪费了自己的时间。

所以我开始要求自己长话短说，学会言简意赅地表达。我让妻子监督我，无论何时，只要发现我又在喋喋不休了，就往嘴唇上竖起食指。我就这样坚持使自己用简洁的语言表达自己。经过几个月的努力，我学会了言简意赅地说话。其实直到现在，我仍然在与喋喋不休的恶习作战。我总是用力压制着我那灵巧的嘴舌，但偶尔也会忍不住，又开始用15分钟来谈话了。

你是不是也有这种恶习？你是否也这样说话停不下来？你是否也

总是纠缠那些琐碎的细节？如果有，就赶快在自己的头脑里安一个闹钟。如果听话的一方已经感到厌烦，你就要立刻打住，尽量学会用简洁的语言达到最优的说服效果。

作为推销员，我知道，虽然我们知道的并不很多，然而话却可以说一大箩筐。最好的说明就是前不久通用电气副总裁说过：“为什么推销员会失去销售的机会？对于这个问题，我们各个销售公司进行了一次表决，1/3 的人认为是因为说得太多。”

是的，特别是在电话交谈的时候，更应该避免喋喋不休。那让我来告诉你如何把电话交谈时间减少一半。打电话之前把要说明的事项列在一张纸上，然后说：“我知道您很忙，有这样几件事要讨论……”当你依次把几件事说完，对方也就知道了谈话即将结束。

《圣经》的《创世记》作者就是一位言简意赅的大师，他只用了 442 个字来讲述创造世界的故事，比我这一节的文字还少一大半。

如何消除对大人物的恐惧

有人曾问我面对那些大人物是否害怕过？我岂止是害怕，简直可以用惊恐万分来形容。不过那都是我刚入行做推销员时的情形了。当我刚刚开始做人寿保险的推销员时，我知道要想在人寿险推销方面成功，就必须和那些大人物打交道，向他们销售保险。换而言之，以前是做点小推销，现在可是要真正去做大订单了。

我面对的第一个大人物是海岸汽车公司的领袖——休斯先生，我可是经过了多次预约才有幸和他见一面。当他的秘书把我领进他装饰豪华的办公室，我突然变得紧张起来，浑身发抖，根本就说不出话来，我就战战兢兢地呆立在那里，休斯先生惊异地看着我。是的，我必须说话了，虽然是结结巴巴的，但是我也努力走出了第一步，承认自己的紧张。我结结巴巴地说："休……斯先生，我很早……就想看你了，对，我……现在来……可，可是我太紧张了。"

休斯先生很和蔼地对我说："这就对了，我年轻的时候，最初也像你刚才那样。来，坐下，放松一点儿。"当我承认自己紧张了，又听到休斯先生说他曾经也如此。我心里的恐惧、担心都不复存在了，思绪混乱的头脑也开始清醒，身体也就不发抖了。休斯先生似乎成了我的挚友。他鼓励我向他提问，是的，我可以向他提出保险的建议，我想他可以让我完成这次推销。

虽然我那次并没有向休斯先生卖出保险，但是我却收获了比一份保单更有价值的经验教训。我认识到了这样一条原则：当你感到害怕就应承认。

其实，不仅是像我这样的推销员会因为恐惧而紧张得说不出话来，即便是那些经常在公共场合抛头露面的成功人士也难免紧张。1937 年春天，美国戏剧艺术学院在纽约帝国剧院举行毕业典礼，莫里斯·伊文斯，当时世界上最杰出的莎士比亚剧演员，将会作为主要发言人做演讲。不过，这个在舞台上能够流利表达莎翁剧作的人却紧张了。我当时听到他没说几句话之后就开始紧张得无法继续了。最后，他不得不说："我感到害怕，面对这么多重要的嘉宾，我说不出来了。我做了很多准备，可是我现在仍然不知道要说什么。"可听众们却依然喜爱伊文斯，他公开承认他的恐惧，无论老幼都为之感动。

二战期间，在一次午餐聚会上，我听过一位海军军官的演讲。他在战场上以勇敢而闻名，当时很多听众都热切期待着他的演讲，希望他将前线充满惊险的战争场面讲给我们听。他慢慢走到讲台上，从衣袋里拿出演讲稿，然而他拿着讲稿的手却在不停地发抖，而另一只手不知道该放在哪里。他只是结结巴巴地念出了演讲稿的几句话，然后声音就慢慢地没有了。他沉默了许久，窘迫而诚实地说道："我太紧张了，面对着听众比我在战场上面对日军还要紧张。"听到这一番诚实的表白，在座的每个人都用微笑和掌声向他表示鼓励。他收起了演讲稿，开始了自信、充满激情的演讲。

这位海军军官所遇到的，也是莫里斯·伊文斯所遇到的，也是我所遇到的，同样也是我们其他人所曾遇到的。当我们感到恐惧、紧张而不知所言时，我们就要承认和接受，而且要毫不掩饰地去做。

关于这一点，我曾撰写了一篇文章《当你感到恐惧，你要承认》，发表在《你的生活》杂志上，不久，便收到了一位来自太平洋前线的士兵的信，信是这样写的：

亲爱的弗兰克·贝特格：

我刚读完您的文章。对于一个刚刚走上战场的士兵来说，《当你感到恐惧，你要承认》是很好的文章。其实在入伍以前，我也存在您文中提到的那些情况。我在公众场合中容易感到紧张，比如在高中和大学的演讲；即便是去找工作，和雇主谈话也让我恐惧；甚至在我和一位女士约会时，我都感到紧张得无法交谈。

您可能会感到疑惑，我现在已经进入战场了，怎么还会在万里之遥给您写这封信？其实不论是在公共场合中演讲，还是在找工作中与雇主谈话，我一直在试图消除内心的恐惧。可是我一直没找到最好的方法。您知道，恐惧的情绪会影响人的很多行动。看过您的文章后，我明白了，你要承认这一建议在我们面对日军时也是正确的态度。

在战场上，很多人都不承认自己的恐惧，可是到了战斗时，他们就被看出来是说大话了。我想说大话不仅欺骗自己也欺骗别人，不是正确的选择。我们只有承认自己的恐惧和紧张，这才是正确克服恐惧心理的第一步。感谢您的文章，我真心地希望那些幸运的学生们、工人们能够有机会去实践您的建议。

对于那些经历着公众恐惧的人，也许你现在正在阅读本书中的这封信——这封来自太平洋前线的信，你是否是他们中的一员？

回首往事，我曾经拥有那么多机会，然而因为恐惧而不敢冒险，不敢去与那些大人物打交道。我是多么懦弱愚蠢啊！幸好，在我进入推销行业不久就遇见了休斯先生。我承认了自己的惊恐，他告诉我他年轻的经历，打消了我的顾虑。我想，如果我不承认我的恐惧，恐怕我早就被轰出去了。

承认恐惧并不丢脸，不去努力克服才丢脸。所以不论你在公开场合面对成百上千的人，还是在办公室独自面对着某个大人物，一旦你觉得自己恐惧、紧张了，请记住这么简单的一句话：当你感到恐惧了，承认它！

第六章 ——— 一切成功的理念关键在于付诸行动

本杰明 · 富兰克林成功的启示

这是本书最重要的部分，看起来，我应该将它放在书的开始。可是，我想将这最重要的部分作为本书的压轴。

1888 年冬天，我出生在一个风雪交加之日。我家所在的街道西侧，每 50 码有一盏路灯。但是夜里的光线还是很暗，人们上街都会拿着火炬。让我记忆犹新的是，街上有一个点灯人，他在夜里穿梭在街头，哪一盏路灯熄了，他就重新点燃它，以给行人们多些光明。

多年后，我进入保险推销行业，摸索着如何做好推销业务时，我读到了《本杰明 · 富兰克林自传》，这本书让我受益匪浅。富兰克林的事迹充满着智慧的光辉，就像那个点灯人一样，照亮了我人生前进的道路。

富兰克林还在做排版工人时，他已经负债累累。不过他并不气馁，虽然他自认为能力平庸，但是他相信只要通过正确的途径，仍然可以走向成功。他通过具有创造性的能力，总结出了获得成功的 13 个必要因素，而且我们每个人都可以掌握这些方法。

富兰克林总结出 13 个成功的必要因素，然后用一个星期去思考，掌握每个因素。就这样，他以 13 个星期为周期，一年重复 4 次，努力实践这些成功的因素。他在自传中用了 50 页的篇幅来说明这些因素对他的影响，而且他认为“我的后代们可能会以我为榜样，并能够从中受益”。

当我读到这段文字时，我赶紧在书中找到他解释的 13 个要素的地方。这几段文字就像伟人给我留下的嘱托，在之后的一年时间里，我反反复复阅读、揣摩着它。在以后的人生中，我也尽力以这样的成功要素要求自己。我想，富兰克林这样的天才都认为这 13 个要素是成功之必需，我就更应该尝试一下。这些要素看似简单平凡，我想，如果我上过大学或者自以为是，可能对此不屑一顾。可是我只上了 6 年的小学，所以我很愿意去试试。你要知道，富兰克林先生也仅仅上过两年学，但是即便在他逝世 150 年后，那些世界著名的大学还依然尊重他。

我将这个成功的要素应用到我的推销中，并且结合推销行业和我自己的缺点做了修改。也可以说，这是推销员走向成功的 13 个要素。如果你阅读了本书，你就会发现我是按照如下的顺序去做的：

1. 激情

2. 有序：自我组织

3. 考虑他人的兴趣

4. 问题

5. 关键点

6. 平静：倾听

7. 真诚

8. 事业的知识

9. 欣赏和颂扬

10. 快乐

11. 记住姓名和面孔

12. 为客户服务

13. 成交：要付诸行动

我将这 13 个要素写在卡片上，并做了简单的注释。类似的东西在本书也有不少。我按照富兰克林先生的方法开始尝试，第一个礼拜我带着“激情”的卡片开始工作，在推销中我投入了更大的热情；第二个礼拜我再带上“有序：自我组织”的卡片……13 个礼拜过去了，我也重新开始循环。此时，我的内心感到非常充实。在推销实践中，我对这 13 个要素有了更加深刻的了解。对于曾经令我沮丧、不知所措的推销，我也开始变得很有兴趣了，当然，更为重要的是我收获到了事业上的成功。

我就按照富兰克林先生的办法，在一年的时间里循环 4 次学习这 13 个要素。我并不满足于一个学年或者几个循环，我一直学习、实践，直到我可以自然而然地在工作和生活中运用这些要素。我想，不论你是从事什么行业的推销，只要你能坚持运用这些要素，你就会成为充满激情的成功者。

是的，一切成功理念的关键在于将其付诸行动。我知道很多人都知晓本杰明·富兰克林的 13 个要素，可是很少有人说他们也这样试着做过。

为什么是每周掌握一个要素，而不是每天就掌握一个呢？我想，作为科学家的富兰克林有他自己的道理，而且这也更符合人类认知和实践的模式。这 13 个要素就像环环相扣的项链，各个要素之间都是相互关联的。若你要掌握这些要素，就要像攀登 13 级阶梯，只有一步步踏实地攀登，你才能走向成功。下面是本杰明·富兰克林的 13 个要素：

1. 节制——食不过饱，饮酒不醉

2. 沉默——言必有用，避免空谈

3. 有序——物有所处，事有应时

4. 决断——处理问题，当断即断

5. 节俭——少花费也能办成事

6. 勤勉——不浪费时间，戒除一切不必要行为

7. 诚实——永不欺诈，言辞公正

8. 公正——不错待人，勇于承担

9. 中庸——不走极端，学会自制

10. 清洁——不只是服饰、住所，还有行为

11. 稳重——遇事不慌，镇定自若

12. 贞节——忌房事过度，不要损害自己或者他人的平静和名声

13. 谦逊——仿效耶稣和苏格拉底，越谦虚越伟大

图书在版编目（CIP）数据

羊皮卷 /（美）奥里森·马登等著；白雯婷编译
. -- 北京：民主与建设出版社，2019.4
ISBN 978-7-5139-2439-9

Ⅰ. ①羊… Ⅱ. ①奥… ②白… Ⅲ. ①成功心理－通俗读物 Ⅳ. ① B848.4-49

中国版本图书馆 CIP 数据核字 (2019) 第 057110 号

羊皮卷
YANGPIJUAN

出 版 人：李声笑
著　　者：[美] 奥里森・马登等
编　　译：白雯婷
责任编辑：刘　艳
封面设计：冬　凡
出版发行：民主与建设出版社有限责任公司
电　　话：（010）59417747　59419778
社　　址：北京市海淀区西三环中路 10 号望海楼 E 座 7 层
邮　　编：100142
印　　刷：北京一鑫印务有限责任公司
版　　次：2019 年 4 月第 1 版
印　　次：2019 年 7 月第 2 次印刷
开　　本：880mm × 1230mm　1/32
印　　张：8
字　　数：185 千字
书　　号：ISBN 978-7-5139-2439-9
定　　价：36.00 元